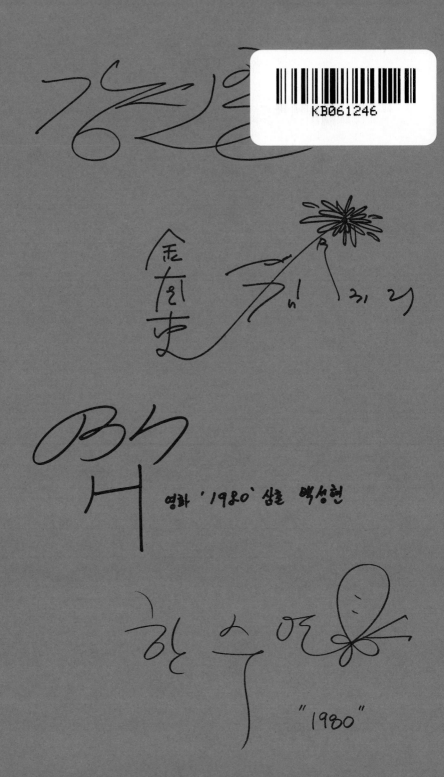

영화 '1980' 상훈 역 성현

"1980"

1980

각본집

1980

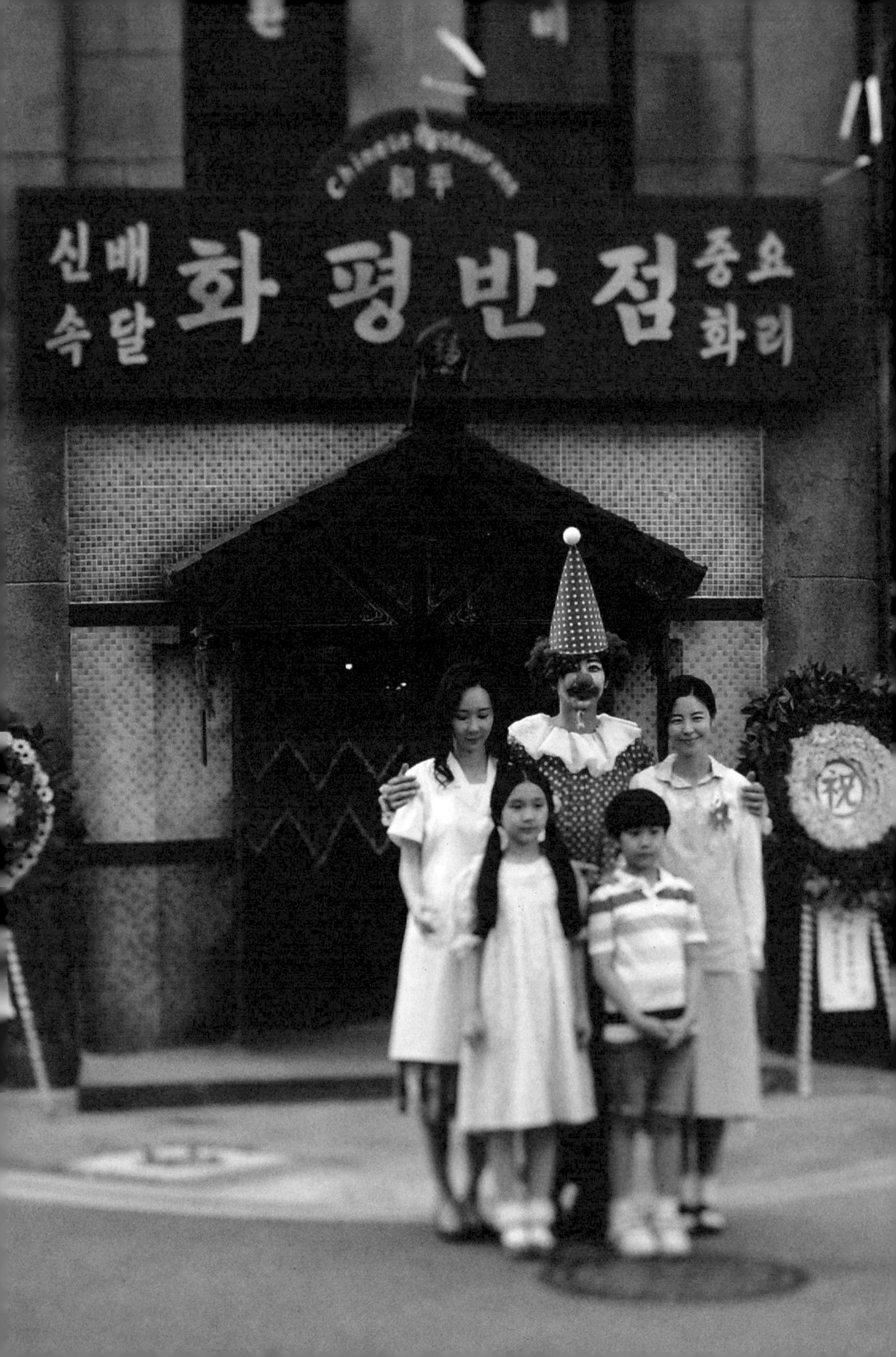
和平
신속배달
화평반점
중화요리
祝

감독

강 승 용

각본
강승용·오선영

차례

추천의 말

강승용 감독은 〈왕의 남자〉〈사도〉 등 여러 영화를 통해 저와 오랫동안 호흡을 맞춰온 탁월한 미술감독입니다. 그의 첫 영화 개봉과 각본집 출간을 축하하고 응원합니다. 독재 권력의 무자비한 폭력으로 많은 민중들의 삶이 희생된 5·18 민주화운동은 우리가 반드시 기억해야 할 아픈 역사이며 여전히 진행 중인 상처입니다. 〈1980〉은 폭력과 탄압 아래서도 꿋꿋하게 버텨낸 소시민들의 삶을 여덟 살 소년의 맑고 꾸밈없는 시선으로 그려냅니다. 이 이야기가 많은 이들에게 인간의 존엄과 일상의 소중함을 다시 한번 일깨워주리라 믿습니다.

영화감독 이준익

감독의 말

이 각본에는 영화에 미처 담지 못한 인물들의 감정과 관계가 담겨 있으며, 촬영본에 앞서 작업한 오리지널 각본이라 할 수 있습니다. 철수네 가족사를 풀어가던 2년여의 기간은, 외적으로는 새로운 도전이었으나 내적으로는 반성과 사죄의 시간이었음을 밝힙니다. 여러 부족함에 대해 양해를 구하며 역사적 희생과 아픔에 감히 누가 되지 않기를 바랍니다.

영화의 출발이 된 최광래 대표님, 배우 강신일 님, 김규리 님, 백성현 님, 한수연 님, 박준혁 님, 민서 님, 윤정로 님, 이달형 님, 박노식 님, 나종민 님, 권기대 님, 전수진 님 그리고 아역 송민재 군과 박주원 양, 열악한 환경에서도 최선을 다해준 모든 배우분들과 매니저 및 관계자분, 최고의 장인 촬영·조명·피디 이하 스태프 여러분, 목포시장님, 목포시 관광과 장일례 팀장님, 목포시 관계자 여러분께 진심으로 감사의 인사를 전합니다. 매 고비마다 큰 힘이 되어준 오선영 선생, 박근영 피디에게 미안함과 감사한 마음을 보냅니다. 또한 이 각본집이 나오기까지 힘이 되어주신 출판사 관계자 모든 분께 존경과 감사의 마음을 전합니다.

새봄을 기다리며

강승용

27

기획 의도

영화 〈1980〉은 여덟 살 소년과 가족, 그들과 관계 맺고 있는 주변 인물들의 시선으로 풀어간 5·18 민주화운동 10일간의 기록이다. 가난하지만 마음은 넉넉한, 일상적인 추억을 나눌 수 있었던 80년대 평범한 동네가 배경이다. 이야기의 주체인 여덟 살 소년 철수의 맑고 순수한 눈으로 민주화운동을 바라보고 경험한 이야기를 담고자 했다.

계엄군의 잔혹하고 무자비한 폭력에 대항하여 스스로를 지켜야 했던 시민들이 무기를 들게 되면서 '폭도'라는 누명을 썼다. 그로부터 40여 년이 지나는 동안 대통령이 여덟 번 바뀌었고, 평화로운 듯 평화롭지 않게 가해자는 돌아올 수 없는 강을 건넜다.

독재 권력이 거대한 국가권력을 앞세워 개인의 욕망을 채우려 할 때 우리의 형제, 가족, 이웃은 그 권력 앞에 무기력하게 희생될 수밖에 없었다. 무자비한 폭력으로 인해 인간의 존엄은 무참히 짓밟혔지만, 폭력의 희생자는 여전히 질긴 삶을 영위하고 있다.

상처를 평생 가슴에만 묻고 살았을 힘없는 소시민 철수네 가족을 통해, 국가가 휘두른 폭력의 결과가 개인에게 한평생 어떤 영향을 주는지를 담고 싶었다. 어떠한 경우든 공권력으로 국민의 존엄을 짓밟는 행위는 두 번 다시 일어나지 말아야 한다는 명제에 동의를 구하고자, 이 이야기를 여러분께 보낸다.

줄거리

2023년 전라도 광주, 원주민이 떠난 재개발 구역. 43년 전통을 자랑하는 중국집 '화평반점'이 홀로 남아 있다. 여행객들의 입소문을 타고 맛집으로 알려져 외지인까지 몰려드는 '80년대식 정통 낙지짜장면' 가게다.

중국집 화평반점을 개업한 1대 주인장 할아버지는 6·25 동란 때 배 속에 아이를 가진 아내와 다섯 살 먹은 아이를 데리고 황해도에서 피란 내려와 광주에 자리를 잡았다. 이데올로기가 팽배하던 군사정권 시절, 변변한 직업을 얻지 못하던 할아버지는 중국집 배달과 주방 '시다'를 거쳐 알뜰살뜰 모은 쌈짓돈으로 1980년에 화평반점을 개업했다. 혼분식 장려로 호황기를 맞은 때라 많은 손님이 몰렸고, 희로애락이 깃든 동네 사랑방 같은 장소로 자리매김했다.

10·26 사태로 박정희 대통령이 서거하고 12·12 쿠데타로 신군부가 권력을 찬탈했다. 1980년 민주화를 열망하던 '서울의 봄'이 서울역 회군으로 물거품이 되어갈 즈음, 전라도 광주에서는 평화로운 시위를 이어가고 있었다. 평화 시위가 신군부의 탐욕에 의해 폭동으로 둔갑하면서 계엄군의 진압 과정에서 무고한 시민들이 희생되었고, 그로 인한 분노로 '5·18 민주화운동'이 점화되었다.

1980년 5월 17일부터 10일간, 암울하고 악몽 같았던 여정 한가운데… 화평반점 1대 철수 할아버지, 2대를 꿈꾸는 철수 아빠, 그리고 3대를 이어야 할 숙명 앞에 놓인 철수가 있었다.

등장인물

철수네

한철수(8세)

금남국민학교 1학년 3반. 손이 귀한 화평반점 집안의 장손이다. 건넌방에 세 들어 사는 같은 반 영희를 짝사랑한다. 영희 아빠처럼 군인이 되어 영희와 결혼하는 게 꿈이지만, 화평반점을 물려받아야 할 운명에 있다.

철수 할아버지(50세)

6·25 동란 때 빨갱이라는 소리가 지긋지긋해 황해도에서 남쪽으로 피란 내려왔다. 전라도 군산을 거쳐 광주에 터를 잡고 30여 년을 한 동네에 살았다. 중국집 배달부터 시작해 주방 일을 배웠고 우여곡절 끝에 1980년 5월 17일 중국집 화평반점을 개업한다.

철수 할머니(53세)

다섯 살 철수 아빠를 데리고 둘째를 임신한 채 남으로 피란 내려와 광주에 정착했다. 남편인 철수 할아버지에겐 실향민의 외로운 삶을 함께한 든든한 동반자이며, 두 아들에겐 지혜롭고 강인한 어머니다. 억척스러운 생활력으로 중국집을 인수하는 데 큰 힘이 되었다.

철수 아빠(35세)

한상원. 화평반점을 이을 2대 사장이다. 서울에서 대학을 나온 수재로 군복무 중 월남전에 참전했다가 총상을 입고 제대하여 월남참전 상이용사가 되었다. 공장 노동자들을 대상으로 야학을 설립, 봉사하면서 군부독재의 탄압과 부도덕을 알게 되어 민중운동에 투신한다.

철수 엄마(28세)

여고 시절 월남참전용사 위문편지로 철수 아빠와 인연을 맺어 목포에서 광주로 시집왔다. 펜팔을 이어가던 한상원이 부상으로 귀국선을 탄다는 소식에 무단결석까지 하며 만나러 갔고, 고등학교도 마치지 않은 채 그의 상처를 돌보며 함께하는 동안 철수를 가지게 되었다. 8년여 만에 철수의 동생을 임신한 상태로 해산을 앞두고 있다.

삼촌(30세)

한상두. 남으로 피란 올 때 할머니 배 속에 있던 아이다. 둘째에 대한 차별과 성실한 형과의 비교에서 비롯된 서러움 속에 뚜렷한 목표 없이 하루하루 살아가는 자유로운 영혼이다. 화장품 외판원을 짝사랑하다 혼삿날까지 잡게 되었다. 나름대로 인생에서 가장 신나는 일들이 생기던 즈음, 계엄령이 선포된다.

아모레 이모(26세)

아모레 화장품 외판원이다. 어린 나이에 고아가 되어 고향 나주를 떠나 광주에서 식당과 가발 공장, 버스 안내양부터 화장품 외판원에 이르기까지 닥치는 대로 일하며 혼자 어렵게 살았다. 공장 직공 시절 야학을 다니며 검정고시를 통해 중고등학교 과정을 마쳤다. 철수 삼촌과의 결혼을 앞두고 가족을 얻게 된다는 행복한 꿈에 젖어 있다.

이모(20세)

광주 사돈집에 얹혀살면서 대입학원에 다니는 삼수생이다. 나름대로 고향 목포에서 수상 이력이 있는 잘나가던 가수 지망생으로, 대학가요제에 나가고자 대학 진학을 꿈꾼다. 4년제는 고사하고 전문대도 번번이 떨어지지만 언제나 긍정적이며 쾌활한 성격이다.

날라리(20세)

광주 국립대 장학생으로 고향 목포에서부터 한결같이 철수 이모를 짝사랑해왔다. 대학 동아리를 통해 군부독재의 실상을 알게 되면서 민중운동에 참여했고, 한상원이 설립한 야학에 동참하며 뜻을 함께 한다.

나라(20대)

5·18 민주화운동 희생자 자녀. 친부모는 여덟 살 무렵 민주화운동의 상처와 정신적 후유증으로 스스로 목숨을 끊었다. 어린 나라를 철수 와 철수 엄마가 거두어 친딸, 친손녀같이 키웠다.

영희네

민영희(8세)

서울에서 부모를 따라 광주로 전학 와 철수네 건넌방에 세 들어 산 다. 동갑내기 철수보다 키가 한 뼘은 크다. 철수가 자신을 좋아한다 는 사실을 알고 있고 내심 싫지 않지만 티 내고 싶지 않은, 도도한 서 울내기 깍쟁이다.

영희 아빠(35세)

민정환. 광주에서 나고 자랐다. 철수 아빠와 고등학교까지 같이 다닌 절친한 친구 사이로 월남전 참전 중 부대장의 권유로 직업 군인이 되었다. 보안대 하사관 간부로서 얄궂게도 민중운동을 하는 어릴 적 친구 한상원을 감시하고 체포하는 임무를 맡는다.

영희 엄마(30세)

서울에서 여상을 졸업하고 미용학원에 다녔다. 70년대 선망의 결혼 대상, 직업군인인 영희 아빠와 결혼해 딸 영희를 낳았다. 남편이 고

향으로 발령 나 함께 광주로 내려왔다. 철수네에 월세를 살면서 미
장원을 운영한다. 최신 유행과 패션을 선보이며 시골 동네 사람들에
게 기죽기 싫은 천생 서울 여자다.

우리(20대)

영희의 아들이다. 부모의 성화에 못 이겨 원치 않는 결혼을 한 영희
가 아들 우리를 낳고 짧은 결혼 생활을 정리한 후 홀로 어린 우리를
키웠다. 자신이 성장하면서 병약해지는 엄마 영희를 돌보며 그녀의
아픈 과거에 연민을 느낀다.

그 외 인물들

통장, 정육점 사장, 레코드 사장, 부녀회장, 동네 사람들, 순경들, 목
포 할머니, 전경들, 계엄군들, 대학생들, 야학 학생들, 시민군들.

인물관계도

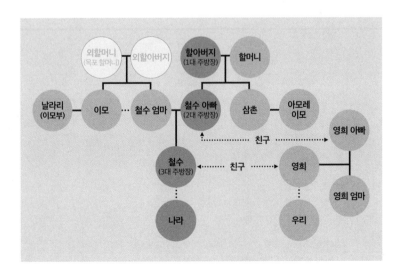

용어 설명

F. I(Fade In)	화면이 점차 밝아짐.
F. O(Fade Out)	화면이 점차 어두워짐.
F. S(Full Shot)	인물이나 물체를 찍을 때 전체 모습이 모두 나오도록 찍는 숏.
Cut to	촬영이 진행되던 컷을 멈추고 다음 컷으로 연결하는 것.
C. U(Close Up)	어떤 대상이나 인물이 두드러지게 화면에 확대되는 것.
B. C. U(Big Close Up)	어떤 대상이나 인물이 C. U보다 더 극단적으로 화면에 확대되는 것.
Ins.(Insert)	특정 동작이나 상황을 강조하기 위해 삽입한 화면.
V. O(Voice Over)	화면에 등장하지 않는 작중 인물 또는 내레이터가 영상과 연관되는 말을 하는 것.
O. S(Off Sound)	화면 밖의 상황 전개를 알리는 효과음 또는 음악.
몽타주(Montage)	따로따로 촬영한 화면을 떼어 붙여서 편집하는 방법. 사건의 진행을 축약해서 보여주는 효과가 있다.
타임 랩스(Time Lapse)	영상의 움직임을 일정한 시간과 간격을 두고 촬영하는 방식. 혹은 긴 시간에 걸쳐 일어나는 시간의 흐름이나 변화를 함축 또는 압축하여 표현하는 방식.

검은 화면. 지글, 지글, 지글… 돼지기름에 대파와 함께 춘장을 볶는 소리가 침샘을 자극한다. 화면이 서서히 밝아지면 기름을 넉넉히 두른 웍에 돼지고기, 양파, 양배추, 감자 그리고 볶은 춘장을 넣어 삽시에 볶아낸다. 그야말로 짜장 소스의 진수가 눈앞에 펼쳐진다. 탕! 탕! 탕! 이어 화평반점 3대 주방장 철수(50대)의 얼굴이 보인다.

나라	낙지짜장 셋!
철수	읍마… 냄새 죽여주제잉?
나라	나는 짱깨 냄새가 싫당께!!
철수	(짜장 소스를 나눠 담다가) 싫어야? 나라 니… 짜장면집 딸내미 맞긴 하냐?

철수와 손녀딸 나라(20대)의 신경전에도 그저 예사롭게 뜨개질 중인 철수 엄마(70대). 흐뭇하게 둘의 대화를 귀에 담고 있다. 따르릉따르릉… 단골손님으로 복작거리는 점심시간, 전화벨 소리가 요란하게 울린다.

철수 엄마	네에. 화평반점입니다. 잠깐만… 배달 안 된디. 와서 먹어야 된당께. 배달 안 된다마다. 아따 차말로 뭔 말을 못 알아먹는가. 안-된-당-께!
나라	(수화기를 잽싸게 가로채어) 손님! 저희는 배달하는 짜장면집이 아니어요. 죄송합니다아. 여 오셔서 잡수면 감사하겠어요. 예, 아홉 시까지네요.

| 철수 엄마 | (수화기 너머에 대고) 염병하네. 아적도 모른다 말여! |
| | (뚜뚜뚜…) |

슈가(BTS)의 곡 〈518-062〉의 피아노 선율이 흐른다.

#002   용산역 : ITX-새마을호 : 오후

안내방송(V. O)
"본 열차는 15시 6분 용산역을 출발하여 19시 5분 광주역에 도착하는 ITX-새마을 제1115호 열차입니다. 고객 여러분의 즐겁고 안전한 여행길을 함께하겠습니다."

이어지는 〈518-062〉의 랩. "Go Go Go… Go Go Go…." 노부부가 열차에 오른다. 가쁜 숨, 현란한 손놀림으로 수어를 주고받으며 좌석을 확인한다. 맞은편으로 중년 여인(50대)과 그녀의 이마에 가벼운 입맞춤을 하는 청년 우리(20대)가 보인다. 좌석에 앉으려는 노부부가 엉거주춤 멋쩍은 인사를 건네는 사이, 열차가 서서히 플랫폼을 벗어난다.

| 노부부 | (수어) 대낮부터 지랄 염병들 허네. 눈꼴 시라서… 시 |
| | 상 참 좋아졌구마잉. |

#Cut to. 5월 햇살이 열차 차창 안으로 쏟아진다. 서정에 잠기는 우리. 그런 우리의 어깨에 중년의 여인이 머리를 기대어온다. 쉼 없는 손짓으로

험담을 이어가는 노부부. 어느새 열차는 도심을 지나 한적한 외곽의 봄을 내달린다.

#Cut to. '43년 전통, 3대째 이어온 낙지짜장면' '인생에 한 번 꼭 맛봐야 할 짜장면 1번지'. 젊은 여행객들 사이에서 입소문을 타고 지상파 맛집 프로그램까지 섭렵한 한 가게의 기사가 화면을 가득 채운다. SNS 검색을 하던 우리가 그중 뉴스 영상 하나를 클릭한다.

앵커

"최근 맛집으로 입소문을 탄, 3대째 이어온 화평반점이 5월 18일이면 우리 곁에서 사라지게 됩니다. 1980년부터 40여 년간 한자리를 지켜온 화평반점의 희로애락을 박수영 기자가 취재했습니다."

기자

"7, 80년대에 어린 시절을 보낸 분들이라면 생일이나 졸업식, 특별한 날이면 온 가족이 짜장면 한 그릇에 행복했던 추억을 간직하고 계실 텐데요. (흑백사진, 영상) 배고픈 시절, 서민들의 일상에서 빼놓을 수 없는 추억의 음식이 바로 짜장면입니다. (화평반점 스케치 영상) 그 짜장면을 43년 동안 3대에 걸쳐 만들어온 중국집이 있습니다. 하지만 이 지역 도시 재생 재개발 사업 계획으로 철거 진행을 코앞에 두게 되면서 오는 5월 18일이면 추억도 함께 철거되어야 하는 상황인데요. (재개발 지역 스케치 영상) 안타까운 소식에 오랜 시간만큼이나 따뜻한 사연들로 넘쳐나는 화평반점을 소개합니다."

#003 현재 : 화평반점 주방 : 저녁

세월의 흔적이 역력한 낡은 환기팬이 느리게 돌아가고 있다. 깊은 칼자국이 어지러운 도마와 닳디닳은 중식도, 손때가 오른 웍과 식기, 주방 도구들을 매만지고 있는 철수.

나라	아빠! (찰칵! 찰칵! 카메라 셔터를 누르며)
철수	고만하랑께. 담배나 하나 줘봐.
나라	…알고 있었는가?
철수	그라믄, 나가 누군디!

#004 광주역 : 저녁

빠앙…! 속도를 줄이며 들어오는 ITX-새마을호 열차. 철커덩! 객차 문이 열린다. 열차 이용객으로 넘쳐나는 플랫폼. 엉킨 승하차 인파 속 노부부와 뒤이어 20대 청년 우리, 그리고 중년 여인이 열차에서 내린다.

#Cut to. 역사 내 관광 안내도를 확인하는 우리. 그 앞을 지나는 노부부가 역시나 겸연스러운 인사를 건넨다.

여기저기 붉은 스프레이로 휘갈겨진 '공가'라는 글씨와 떠나며 버리고
간 삶의 흔적들이 어지럽게 널려 있는 원도심의 재개발 구역. 이 을씨년
스러운 거리에 '40년 전통 낙지짜장 화평반점' 간판이 홀로 깜빡거린다.
'영업 종료 안내문'이 걸려 있는 입구 앞에 멈춰 선 우리 일행.

#Cut to. 창틈으로 내부를 살피는 우리. 똑똑! 소리와 함께 창 너머에 나
타난 나라의 얼굴. 깜짝 놀라는 우리.

나라   아빠! 갔다 오께.

덜컹 문이 열리고, 우리와 눈이 마주친 나라가 씽긋 웃는다. 염탐하다
들킨 듯 멋쩍어 무춤하는 우리.

나라   손님! 자리 있어라!

나라가 짓궂은 웃음을 남기고 부웅! 스쿠터를 몰고 사라진다. 그 뒤를
무안한 듯한 우리의 시선이 따라간다.

#Cut to. "얼씨구 씨구 들어간다 절씨구 씨구 들어간다…" 오랜 단골손님
들이 품바 타령을 하며 술과 흥에 취해 있다. 켜켜이 쌓인 사연들로 가
득한 벽면 가운데, 3대 가족으로 보이는 빛바랜 흑백사진이 보인다. 그
아래 새겨진 기록, '기념, 1980년 5월 17일 화평반점 신장개업'.

철수 엄마	(뜨개질하던 손을 멈추며) 낙지짜장 잡술라요?
우리	….
철수 엄마	우리… 마지막 손님 같은디….
우리	('선불'이라는 문구를 보고, 얼른 안주머니에 손을 넣는다)
철수 엄마	계산 안 해도 된당께.
우리	네?
철수 엄마	꽁짜요. 이맘때믄 우리 동네가 제사가 많아서라… 울 아들이 무료 봉사하요. 오래됐어라. (벽면 한 곳에 붙은 '금일 무료 시식')
철수	(품바 타령을 하던) 엄니! 그거 다 떨어졌는디… 손님, 미안하게 됐어라.
우리	저… 서울에서 왔습니다.
철수	서울서 여까지… 짜장면 먹으러 왔소? (안타까움) 어찌까… 그라긴 해도 끝났어라.

우리가 고이 싸두었던 무엇인가를 꺼내 테이블 위에 조심스레 펼친다.

| 철수 엄마 | 철… 철수야! |

#Cut to. 두두두두… 버려진 의자에 앉아 있는 중년 여인을 지나, 가게 앞에 멈춰 서는 스쿠터. 나라가 여인을 돌아본다.

#Cut to.

나라	이모할무니 전화 안 왔는가?

문을 열고 들어선 나라가 마주 앉은 철수와 우리의 심각한, 조금은 상기
된 분위기를 읽는다.

나라	….

테이블에 펼쳐진 종이 위에는 세월의 흔적을 테이핑하여 지켜온, 낡은
흑백사진이 놓여 있다. '기념, 1980년 5월 17일 화평반점 신장개업'이라
쓰여 있는 한 장의 사진. 이를 지그시 바라보는 철수.

#Cut to. 탕! 탕! 탕!… 시간을 거슬러 하얀 밀가루가 날리는 1980년 화평
반점으로 오버랩된다.

#OO6 　　　　　　　　　화평반점 주방~홀 : 정오

탕, 탕, 탕… 밀가루 반죽을 치대고, 면을 뽑아 삶아내 채 소쿠리로 걸러
낸다. 지글지글… 요란한 화력을 자랑하는 불의 향연 속, 현란하게 웍을
흔들며 능수능란하게 짜장을 볶아내는 할아버지(50세). 사기그릇에 담
긴 면발에 갓 볶은 짜장을 넉넉히 두른 후, 마지막으로 오이채를 단정히
올리면 완성되는 짜장면. 서둘러 쟁반에 올려진다.

카메라, 만삭의 철수 엄마(28세)가 꽃무늬 큰 쟁반에 받쳐 든 김이 모락모락 나는 짜장면을 따라 이동한다. 가슴에 카네이션을 두 개나 단 할머니(53세)를 지나 짜장면과 함께 영희네 테이블에 멈춘다.

영희　(테이블에 놓이는 짜장면) (물개 박수) 와아! 짜장면이다!

철수 엄마　이거슨 그냥 짜장면이 아니여. 화평반점 주방장 스페샬 짜장이랑께.

영희　우와아!!

영희 엄마　개업 축하드려요. (하이타이를 건네며) 금방 부자 되시겠어요.

철수 엄마　오매, 이웃끼리 뭐대! (하이타이를 받아 들고 어렵게 말을 잇는다) 근디….

영희 엄마　예? (동그랗게 커지는 눈)

철수 엄마　날짜가… 쪼깨 지났는디….

영희 엄마　예? 아! 그렇지 않아도 여기…. (월세가 든 봉투를 내밀며)

철수 엄마　쪽! (받아 든 봉투에 입을 맞추고) 고맙쏘잉. 영희 엄니가 서울 사람이라 근가 아주 똑 부러져불고만. 우리 대박 나잔께. 여러분! 잠시만요! 여, 알지라?!

손님들　뭐다요?

철수 엄마　영희미장원, 여그서 머리 뽁으랑께요. 딴 데 가서 뽀끄믄 내 서운하요잉.

부녀회장　옴마마, 뭐다요? 철수 엄니가 걱서 뽀끄라믄 다 거가 뽁아야 한다요?

손님들　아따 그라지라! 하하하하….

46

철수 엄마	영희 엄마. 근디 그 꼬박꼬박 존댓말, 신경 쓰여 못 살 겄소. 내가 얘기해짜네…. 그냥 우리 친구 하잔께. 야들 동갑, 우리도 갑장… (갑자기 코를 킁킁거리며) 흠흠!
영희 엄마	(주춤 뒷걸음치며) 왜…요?
철수 엄마	(얼굴 가까이 코를 대고) 요로코롬 살벌한 분 님새는 뭐 당가?
영희 엄마	아… 서울 좀 갔다 오려고요. 그래서 부탁인데….
철수 엄마	(알아들었다는 듯 어깨를 툭 치며) 아따, 알았고만!
영희 엄마	네…?! 아, 오늘 반공일이라 일찍 퇴근할 거예요.
철수 엄마	한 지붕 산디… (영희를 보며) 철수랑 놀아라잉. 알았제!

바둑이를 안고 있는 영희가 쪼르르 엄마 치마폭에 숨는 철수를 바라보면, 70년대 팝 그룹 징기스칸(Dschinghis Khan)의 노래 〈징기스칸〉이 들려온다.

#007   화평반점 : 정오

액자에 문자도(文字圖) '和平(화평)'이 그려져 있다. 개업 기념으로 들어온 가루세제, 양초 상자, 두루마리 휴지가 보이고, 사은품으로 나누어 주는 수건 상자와 성냥갑, 안내장이 쌓여 있다.

철수   인자 엄마 따라 안 간당께….

영희   (새침한) 안 보여? 우리 (바둑이와) 짜장면 먹고 있잖아.

철수   진짜 말 안 해야. 약속한당께! (새끼손가락을 내밀며)

영희가 힐끗 쳐다보면, 철수가 간절한 눈빛을 보낸다.

철수   믿어봐야… 글고 엄니 몰래 맨날 짜장면도 줄랑께. 오
         늘부텀은 울 할아부지가 여그 사장이쟈네!

마음이 풀어진 듯 손가락을 걸어주는 영희. 밝아지는 철수의 얼굴.

(V. O)

"Sie ritten um die Wette mit dem Steppenwind, tausend Mann

HA! HU! HA!"

점점 커지는 〈징기스칸〉 노래. 입구에는 '축 신장개업' 리본을 단 화환들
이 즐비하게 늘어서 있다. 그 가운데 피에로가 광대 짓으로 한껏 분위기
를 띄우고, 필력 넘치는 붉은 글씨의 '중화요리 화평반점' 간판이 메인
타이틀로 스톱모션된다.

1980

화 평 반 점

짜장면 냄새에 황홀한 아이들. 철수와 영희는 피에로의 마술과 우스꽝

스러운 동작 하나하나에 신이 난다. 북적대는 동네 사람들이 이벤트를 즐기는 동안, 길 맞은편 '냉차' 리어카 행상으로 짧은 머리의 건장한 남자 둘이 다가와 이 상황을 주시한다.

시간 경과. 막 지신밟기를 끝낸 고깔모자를 쓴 동네 어르신들. 거하게 한 상 차려진 중화요리를 앞에 두고 할아버지와 술잔을 기울인다.

통장   캬악! (술잔을 내밀며) 주방장 성님!

할아버지   주방장? (휙 돌아앉으며) 이 사람이!!

통장   오매! (입을 때리며) 요놈에 주둥아리. 나 보랑께. 우리 화평반점 사장님!! 여 한 잔 받으쑈. (술잔을 채우며) 아조 대박 나부쑈잉. 헤… 헤헤….

할아버지   (원샷) 키야! 좋고나야.

할아버지와 동네 어르신들, 주거니 받거니 흥겹게 술잔을 돌리며 분위기가 한껏 달아오른다.

#008   화평반점 앞~홀 ː 정오

카메라, 꽃무늬 블라우스를 입은 여인의 뒷모습을 따라 이동한다.

이모   (눈물 콧물 범벅이 되어) 언니야! 나 왔네!

할머니	사돈처녀, 와 기랍네? 사둔댁은 잘 모셔다드렸습네?
이모	(범벅이 된 눈물 콧물을 닦아가며) 모셔다드리긴 했는디요… 터미널에 짭새들이 쫙 깔려가꼬 최루탄 쏘고 난리 나부러써요.

순간, 황급히 창밖을 확인하는 철수 엄마. 아이들과 함께 있는 피에로를 보고서 안도한다. 이모(20세)의 뒤를 따라온 70년대 청바지를 입은 날라리(20세).

철수 엄마	(날라리를 흘겨보며) 짭새? 짭새는 뭔 놈의 짭새?!
이모	짭새가 짭새제!
철수 엄마	소 팔고 돼지 팔아 핵교 보내논께 허라는 공부는 안 하고, 차말로….
이모	이그, 언니는 어째 세상 돌아가는 것도 몰르요. 우리 학생들이 공부라도 해쓴께 데모도 하고 글제.
철수 엄마	아따따, 니는 대학이나 가고 고딴 소리 씨부려라잉. 니가 잡아 처묵은 소가 얼맨지나 아냐?! 재수도 아니고 삼수가 뭐다냐?!
이모	사람마다 다 팔자라는 거시 있는디…. 나는 요 깨꼬리 같은 목소리로 먹고살 팔자인 거시제. 다 암시롱….
철수 엄마	쓰것따, 언제 쩍 얘기를 여태 하고 자빠졌냐. 니가 이미자여 뭐여?
이모	운이 없어서 그랬제…. 목포서 대상까지 받은 몸인디….
철수 엄마	(턱 끝으로 날라리를 가리키며) 아이, 달고 온 쩌 화상은

	또 뭐다냐?
날라리	(도끼빗을 꺼내 덥수룩한 머리를 빗어 넘긴다)
이모	나가 달고 왔까니, 지가 좋아서 쫓아다닌디 나보고 어찌라고?
철수 엄마	바뻐 죽겄는디. 그 여시 같은 꼬리, 확 조사불랑께!
이모	(치마폭을 흔드는 철수) 아야 철수야 놔봐야. (열받음) 근디, 쫌 엘레강스하게 스피킹하믄 쎄빠닥이 무등산 간다요!
할머니	철수 니, 하라바이 좀 말려보라!

#009   화평반점 : 정오

평소엔 과묵하던 할아버지가 통장을 붙들고 술기운을 빌린 허세와 푸념을 늘어놓는다. 옆에서 심기가 불편한 할머니.

| **할아버지** | 황해도 개성시 화평리가 내래 고향이디. 사뺀 나고 새끼들 빨갱이 소리 안 듣게 하갔다고 피난 왔디 안캤어. 죽을 고배를 밥 먹듯 넘겼디…. 자식새끼래 배 곯리가 중국집 배달이고 시다바리카… 내래 안 해본 거이 없디. 고생 끝에 낙이라, 이래 반듯한 가게가 생겼디 안칸! (갑자기 감정이 울컥) 그동안 서러운 거로 말하믄, 허허… 기거이 속이 다 알알해서리. 허이고… 흐흐흐…. |

51

레코드 사장	하이고, 우리 성님 고생이야 여그 사람이믄 다 알제.
정육점 사장	아따, 모르믄 간첩이제.
철수	할부지, 할무니가 술 그만 드시라는디….
할아버지	우리 철수! 내 새끼… 이 아가 화평반점 주인 되믄, 그땐 빨갱이들 없는 세상 되갔디! 기케 되믄… 우리 식구 고저 화평하게 사는 기 내래 소원이디.
할머니	철수 하라밤. 고만 잡세요. 손님들 죄 말쩡한데 혼저 취하믄 어찌합네! 중국집 인수한다고 돈이란 돈은 쌍끌이해 썼디 않았쏘오… 고거이 다 빚이라요. 기니 정신 바짝 차립쏘!
할아버지	이 할마이가! 히익… 히… 히… (할머니 어깨를 감싸며) 내 각시… 우리 마누래 열다섯에 열둘 먹은 내한테 시집 왔더랬디… 내 열다섯, 각시 열여덟에 우리 철수 아배가 생겼디 안칸.
통장	왐마, 열다섯?! (덥석 할머니 손을 잡으며) 아직도 낭랑 18세여. 곱당께 형수!
할아버지	(손을 쳐내며) 뗵! (할머니 볼을 비비며) 둘이 같이 크고 철도 같이 들었디….
할머니	와 이랍네. 남세스럽게.
할아버지	이 마누래야. 거 들어보라우. 내래 전국 팔도서 제일가는 짜장맨집을 만들어보갔어, 거 두고 보라요! 코 흘릴 때 만나가 고생만 험뻑이두 했디… 이제, 내 각시 호강시키고 살 테니, 이 신랑 함 믿어봄세!
통장	맞어라. 번듯하게 개업도 하고 대박 나라고 지신밟기

도 했은께 다 잘될 것이여. 우리 동네 인심, 허벌나게 좋아야. 흠… 옴마, 여 봐봐… 짱깨 냄새 죽여부네!

징! 꽹! 징! 풍악이 울리며 덩실덩실 한판 춤사위가 펼쳐진다.

#010   화평반점 안채~홀 : 오후

풍악 소리가 멀리 들린다. 안채 마당까지 손님들로 북적이는 한편, 대청의 TV 모니터가 지직거린다.

철수	아이, 안 나와야. 이짝저짝 돌려보랑께!
아이1	(화장실 옥상에서) 철수야! 나오냐?
철수	안 나온당께!! 영희한테 맨 첨으로 개시할란디, 어째 이라고 안 나온다냐.
영희	와아… 나온다! (손뼉를 치며 노래) 외로워도 슬퍼도 나는 안 울어~.
아이들	참고 또 참지 울긴 왜 울어~ 웃으면서 달려보자 푸른 들을~ 푸른 하늘 바라보며 노래하자~ 내 이름은 내 이름은 내 이름은 캔디!

만화영화 〈들장미 소녀 캔디〉의 주제곡을 손뼉 치며 목청 높여 따라 부르는 철수와 영희.

아이들	웃으면서 달려보자 푸른 들을~ 푸른 하늘 바라보며 노래하자~ 내 이름은 내 이름은….
영희	(벌떡 일어서며) 따라 부르지 마! 나 혼자 부를 거야!
철수·아이들	딸꾹.
영희	나 혼자 있으면 어쩐지 쓸쓸해지지만~ 그럴 땐 얘기를 나누자 거울 속의….

#Cut to.

철수 엄마	감사합니다. 신속배달 화평반점입니다. 엄니! 예에, 잘 도착하셨소?
목포 할머니	철딱서니 없는 년, 콱 묶어놔불랑께. 그 가시내 학원비 때메 등골 다 빠져불거써야.
이모	(수화기에 귀를 바짝 대며) 엄니여? (퍽! 철수 엄마의 박치기) 아야!
철수 엄마	콱 마! (이모를 밀어내며) 막내 학원비도 힘든디, 새 테레비가 뭐단가? 솔찬히 비쌀 껀디….
목포 할머니	아야, 니 시집갈 때 말이다… 혼수도 못 해줘가꼬 그거시 계속 맘에 걸려씨야. 고등학교도 졸업 못 했는디 배는 남산만 해가꼬, 성치도 않은 놈을 사위라고 데꼬왔는디, 내 억장이 다 무너져씨야. 그땐 참말로 섭섭했제…. 그란디 오늘 본께 철수 애비 얼굴이 많이 안됐드만….

아이들(V. O)

"웃어라 영희야, 울면은 바보다 영희 영희야." (와아! 짝짝짝!)

철수 엄마	엄니 쪼깐 기둘리시요. (수화기를 막고) 철수야 시끄러 워야! 엄마, 전화 좀 하잖마다. (수화기를 다시 귀에 대며) 네, 엄니. 우리야 고맙제.
목포 할머니	아는 언제 나온다꼬? 내가 들었는디 맨날 깜빡해야⋯.
철수 엄마	달력에 긋어놨다고 안 했쏘? 애 노러 목포 내려오라 해짜네!
목포 할머니	오매, 나 보소⋯ 나가 달력에 긋어놨제! 이라고 깜박깜 박한당께.
철수 엄마	전화세 많이 나온께, 엄니 난중에 또 전화하께요. (전화기를 내려놓으며) 흐⋯ 우리 엄니, 참말로 늙는갑다⋯.

이때 붐짝, 붐짝, 팜파라⋯ 들려오는 군가. (O. S)

#011   화평반점 앞 거리 : 오후

붐짝, 붐짝, 팜파라⋯ 군악대 소리에 달려 나가는 철수와 영희. 아이들을 따라 철수 엄마도 내다보며 구경한다. 한창 무르익은 개업식을 축하라 도 하듯 군가 〈멸공의 횃불〉이 울려 퍼지고, 크르릉 소리를 내며 M60을 장착한 장갑차가 지나간다. M16 소총에 대검으로 무장한 군인들이 그 뒤를 잇는다.

할아버지	만세! 대한민국 만세! 화평반점 만만세! 대한민국 만세! 화평반점 만세! 만세!
동네 사람들	(피에로가 말리면 할아버지가 장갑차 사이로 도망을 가고) 하하하….
할머니	(할아버지를 붙잡고) 정신 차립세! 거 동네 사람들 다 웃습네다. 잔칫날 이거이 뭔 추태입네.
통장	(함께 붙들며) 성님이 개업한다고 기분 째지나 본디! 껄껄껄….

#Cut to. 붐짝, 붐짝… 군인들의 행렬을 따라 손나팔을 불며 따라가는 철수와 아이들.

영희	우리 아빠는 월남전에서 훈장 받았어.
철수	그냐? 우리나라 군인 아저씨들 겁나 멋있당께.
2학년 누나	아야, 쩌 군인들은 나쁜 군인들이여. 따라가믄 안 된다고 했어야.
철수	나쁜 군인? 우리나라 국군 아저씨는 북한 공산당 못 오게 지킨다 했는디?
2학년 누나	그 군인은 우리나라 국군이고 쩌 군인들은 아니랑께.
영희	아니야. 우리 아빠, 진짜 우리나라 군인이야!
철수	영희 말이 맞당께. 쩌거는 우리나라 군인이여. 선생님한테 이를 꺼여!

2학년 누나	이르랑께! 니는 아즉 어려서 그것도 몰르제?
철수	뭐슬?
2학년 누나	북한 하늘은 뻘겋코, 우리나라 하늘은 퍼렇당께. 쩌 태극기 보랑께.

철수가 하늘을 보면, 개업 기념으로 장식한 만국기 속에서 휘날리는 태극기. **(C. U)**

철수	(시무룩) 내가 어리다고? 글믄 누나는?

이름표 '2학년 3반 김명순'. **(C. U)**

철수	우-와!

크르릉! 군중을 압도하며 지나가는 거대한 탱크에 입이 벌어지는 철수.

#012   화평반점 앞 거리 : 오후

찌르릉찌르릉… 행진 사이로 나타난 삼촌(30세)의 배달 자전거, 뒤에서 아모레 이모(26세)가 내린다.

철수	아모레 이모!! (달려가 안기며)

삼촌	아모레 이모가 뭐다냐? 작은엄마라 불러야제.
아모레 이모	아모레든 작은엄마든 상관없제. 철수 조카가 반겨준께 겁나 좋은디.
할머니	아모레야. 세상이 암만 시끄러워도 둘째는….
삼촌	뭐라?
할머니	데모 같은 데 끼게 두믄 아이 된데이. 고향 떠날 때, 자를 배고 내래 얼매나 고생했간. 내한테는 금쪽같은 새끼라요. 알디?!
삼촌	아따 또… 진짜 귀한 자슥은 성 아니요. 쪼오…. (턱 끝으로 피에로를 가리킨다)

얼큰히 취기가 오른 할아버지를 살뜰히 챙기는 피에로.

#Cut to.

통장(V. O)

(렌즈로 보이는 뷰) "아따 성님, 이짝 좀 보쏘야."

할머니	철수 하라밤, 정신 차립세. 술도 약하맨시 기카구 마시믄 어쩝네까?!
삼촌	엄니, 개업 날인디 이해하랑께요. 철수 언능 와야! 형수! 싸게싸게 옷쏘.
통장	그짝에 웃기는 짜장! 입 쫌 딲으랑께!

통장(V. O)

"자, 여 쯤 보란 말이요. 자, 자, 하나둘, 옳지!"

철수네 가족　　옳지~!! (찰칵)

환하게 웃는 할아버지, 예쁜 척하는 이모, 결혼식인 양 아모레 이모와 팔짱을 낀 삼촌, 슬쩍 철수 엄마 손을 잡는 피에로, 그리고 철수까지… 찰칵! 화평반점 철수네 가족들이 한 장의 사진 속에 담긴다.

할아버지　　우리 장손 한 장 박아줍세.

통장　　그 똥개도 같이 찍을라냐? 자, 여기 봇쑈. 스마일!

엄마들과 피에로와 바둑이, 긴장한 철수와 영희가 차렷 자세로 찰칵! 셔터 소리와 함께 스톱모션된다.

#013 　　　　　　　　　　　　　　어느 골목길 : 밤

만삭의 철수 엄마 배에 귀를 대고 애틋하게 어루만지는 피에로(철수 아빠). 다정하게 바라보는 엄마.

철수 아빠　　철수도 쪼까 컸다고 인자 힘들게 하제?

철수 엄마　　(피에로 분장을 닦아주며) 오늘 봤지라…! 건강하게 크고 있어라.

철수 아빠   이잉… 우리 아들 땜시 나가 잘하든 불알친구랑 사둔
                맺거쏘.

아빠의 말에 피식하고 마주 보며 웃음 짓는 두 사람. 두 손을 잡은 채 잠
시 말없이 서로를 바라본다. 사이렌 소리와 함께 휘리릭! 휘리릭! 휘리
릭! 어느새 통금을 알리는 호각 소리가 들려온다.

철수 엄마   (흔들리는 눈빛으로 주위를 살피며) 언능 가쏘. 철수 아부
                지… 몸 조심하쑈잉?!
철수 아빠   (애처롭게) 연락하리다.

마지막까지 잡고 있던 손을 놓는다. 골목 너머로 멀어지는 피에로. 그
뒤를 한동안 바라보는 철수 엄마.

#014   화평반점 홀~마당 : 밤

#Cut to. 수돗가. 영희와 철수는 바둑이를 씻기고, 이모와 아모레 이모는
뒷정리와 산처럼 쌓인 설거지를 하고 있다.

철수 엄마   (눈물을 훔치고 다가오며) 오매매, 똥개를… 우리 보담
                낫어야… 인자 아부지 오실 때까지 이모 방 가서 놀아

라잉!

| 이모 | 뭐라고라? 내 방에 똥개 새낄 들이라고야? 아야, 영희 느그 엄마는 살림이나 살제 뭐 땜시 나까지 고생시킨 다냐? |
| 철수 엄마 | 남이사 머리를 뽁든 라면을 뽁든, 왜 땜시 흥 잡고 지 랄이냐. |

대청마루, 할머니가 술에 취한 할아버지를 챙기고 있다. 따르릉! 따르릉! 울리는 전화벨.

할머니	화평반점입네다.
할아버지	(몸을 반쯤 일으키며) 신… 속… 배달 화평… 반점입네다. 윽! (할머니의 손이 등짝에 철썩!)
할머니	조용히 좀 합세! (할머니의 어깨에 다정하게 기대는 할아버지) 오늘 영업 끝났… 영희네요? (궁금한 표정의 영희) 영희 아빠 안 왔쇠다. (실망한 영희) 거, 영희 걱정이래 하지 말라요.

#015 화평반점 안채 : 밤

드르렁드르렁… 술에 취해 코를 고는 할아버지의 배를 쓸어주는 할머니. 하루 매상을 정리하는 철수 엄마. 이모는 아모레 이모가 보여주는 화장품을 발라보며 수다 삼매경이다. 반쯤 얼이 나간 듯한 철수. 새 흑백 TV에서 특별방송 〈1980년 미스코리아 선발 대회〉가 방송되고, 혼자 떨어져 있는 영희는 바둑이만 쓰다듬고 있다.

삼촌	(밥상을 들고 들어오며) 영희야, 이거시 낙지짜장이여. 허벌나게 맛있어야.
철수	(TV를 보다 돌아보며) 아, 또 짜장이여? 그냥 후라이에 밥 비벼 먹고 시픈디….
삼촌	염병하네. 그냥 처먹어라잉. 니 아부지가 만들다 패대기친 거, (작은 소리로) 할아부지 몰래 이 삼춘이가 갈고따끈 실력을 발휘한 건께!
이모	철수 니 내놔!! (짜장면을 뺏으며) 이거시 호강에 겨워가꼬 요강에 똥 싸는 소리 하고 자빠졌네. 이모 고향에서는 1년에 한 번 먹을까 말까 한 귀한 음식인디. 아야, 배불떼기 니 엄니도 짜장면 먹고 싶어가꼬 니 아빠 꼬셨시야.
철수 엄마	그것이 그랑께, 나는 그야말로 순댕이 같은 여고생이었제. 학교 숙제로다가 위문편지를 보내뜨만, 어뜨케 우리 학교는 알아가꼬, 아야 3년 내내 펜팔 하고 꼬신 군인 아저씨가 누군디!
아모레 이모	아따, 우리 성님 멋져분디요. 아 긍께, 결론적으로다가, 성님은 연애질할라고 핵교 댕겨꼬만….
삼촌	야가, 질이 뭐다냐! 우리 형수 열없게시리. (능글맞게) 월남서는 여고생들한테 편지 허벌나게 받는다 안 한

가. 긍께 형수는 선택받은 몸이랑께.

철수 엄마   뭔 오바들이여?

이모   오바는 코트고! 언니도 맨날 월남서 온 형부 편지 보
여줘짜네. 나가 그 유구한 역사 속 산증인이여. 거짓깔
치믄 배 속에 애기가 배운다잉. 쌍둥인지 배는 무등산
만 해가꼬 태교 생각 하드라고잉!

철수 엄마   나가 니를 업어 키웠는디, 저거슨 핏줄이 아니라 웬수
랑께. 도련님! 내일 목욕탕에 철수도 쫌 데꼬가씨요.
쩌번에 본께 떼쓰고 난리 블루스를 칩디다.

철수   (엄마의 입을 막으며) 엄마! 영희 있는디.

철수 엄마   야가! (철수 손을 치우며) 근디, 영희야.

철수   아따 엄니!!

철수 엄마   머? 영희 니 아부지 많이 늦으신다잉!

철수   ….

#016   화평반점 문간방 : 밤

[철수의 그림일기] 1980년 5월 17일 토요일, 맑음
담부턴 엄마 따라 목욕탕은 안 갈 꺼여! 인제 싸나인디 여탕 가는 거시
말이 안 되제. 본께 영희는 꼬추도 없드만.

(몽타주) 으아악!!! 여탕에서 서로를 확인하고 소스라치게 놀라는 영희와

철수.

거울에 비친 삼촌이 콧노래로 〈징기스칸〉을 흥얼거리며 새 양복에 넥타이를 매어보고 있다. 앉은뱅이책상에서 그림일기를 쓰던 철수가 부러운 시선으로 바라본다.

철수	결혼식 때 입을 옷인가?
삼촌	그람. 니 작은엄니가 사줬제. 어찌냐? 때깔 나오냐잉?
철수	별룬디. 삼춘은 암만 글해도 비실비실 배삼룡 같은디.
삼촌	아따, 이 느작탱이 보소. 콱 마!
철수	내가 크믄 멋진 군인 돼가꼬 영희랑 결혼할 꺼랑께. 빤짝빤짝 삐깔나는 별 달고 영희랑 결혼해야제.
삼촌	뻘소리 하지 마라잉. 화평반점은 어찌고 군바리 타령이냐?
철수	삼촌 있짜네!
삼촌	난 쎄컨든디야! 둘째가 어뜨케 물려받는다냐? 느그 할부지는 그런 사람이 아니여.
철수	싫당께! 짱깨는 싫당께!!
삼촌	차말로 세상 불공평하고마잉. 누구는 하고 잡아도 시켜주덜 않고, 누군 하기 싫다고 염병을 해싸도 시킬라 하고… (철수 배를 간지럼 태우며) 안 그냐 잉? 이잉?
철수	엄니! 엄니! 삼춘이 나 죽여분다요!
철수 엄마(V. O)	불 꺼야! 전기세 많이 나온께. 도련님!!

화들짝 놀라 이불을 뒤집어쓰는 삼촌과 철수.

#Cut to. 바둑이를 안고 훌쩍이는 영희. TV에서 방송 종료를 알리는 〈애국가〉가 나온다.

철수(V. O)	낙지짜장! 갈 길이 9만 3500리여. 면발은 또 왜 근당가?
삼촌(V. O)	아따, 징하게 어렵구마잉. 면 뽑는 것도 그지 같고. 서울서는 기계로 쭉쭉 뽑는다드만….
이모	(TV를 끄며) 영희야! 똥개는 안 된다잉. 알았제?

개량 한옥이 부감으로 보이며 불빛들이 하나둘 꺼진다. **(F. O)**

#017   화평반점 안채 : 아침

(F. I) 쪼르르륵… 잠에 취한 철수. 물안경을 끼고 수돗가에 서서 오줌을 눈다.

철수 엄마	(흰색 팬티를 잡아주며) 쉬이… 쉬… 앗따, 우리 장남 장하다!
철수	뭐대?! (곁에 와서 킁킁거리는 바둑이) 니 왜 여그 와 있냐!

철수 엄마   영희 어제 역서 잤어야. 쩌 있짜네.

철수가 대청마루 쪽을 돌아보면, 영희가 혀를 날름 내민다.

철수   옴마야! (재빨리 팬티를 올려 입고) 영희 있다고 말을 해 줘야제! 쪽팔리게! (문간방으로 달려간다)

새벽녘부터 일어난 영희는 바둑이 털을 빗겨주고, 이모는 그런 영희의 머리를 빗겨주고 있다.

이모   뭐가 쪽팔리냐! 고추 들켜분께 열없냐?

철수 엄마   쩌것들이… (지폐를 세며) 도련님, 수건하고 비누 챙겼쏘? 머리도 깎꼬, 철수 때 좀 빡빡 밀어주씨요.

삼촌   (귓속말로) 나는 때밀이한테 때 밀어야 댕께, 쪼까 더 주쑈야. (등짝에 철썩 하고 날아드는 손) 욱!

할머니   말짱한 손모가지 두고 오데 가 때를 미네? 돈이 썩어나네!

삼촌   아부지가 쥑어라 밀가리 반죽만 시킨께… 여 어깨가 뻐시시하당께.

삼선 체육복 주머니에 슬쩍 돈을 찔러주는 철수 엄마. 윙크를 날리는 삼촌. 할머니가 건넨 냉수 한 사발로 속을 달래고 담배를 입에 무는 할아버지.

합동수사본부장(V. O)

"계엄사령부 합동수사본부는 금일 1980년 5월 17일 24시 권력형 부정 축재 혐의자 김종필, 시위 배후 조종 혐의자 김대중 등 26명을 연행, 검거하였습니다. 검거자 명단은 다음과 같습니다. 부정 축재 혐의자 김종필, 이후락, 시위 배후 조종 혐의자 김대중, 문익환, 고은… 가택연금 김영삼…."

할아버지	간밤에 뭔 일 났간? 김대중이가 잡혀갔대누만….
삼촌	쩌 대머리 홀딱 까진 놈이, 형 월남전 참전했을 쩍에 백마부대 부대장이었당께. 대가리에 기름 좔좔 흐르는 거 보소. 아야, 철수야 우리도 때 벳기러 가자.
철수	알았당께! 글믄 쩌 할배가 대통령인가?
철수 엄마	알았당께가 뭐여 알았당께가, 알았습니다제! 국민학교 들어갔으믄 존댓말 하라고 선생님이 말 안 하디?
철수	알았당…께롱! (도망)

철수와 삼촌, 할아버지가 대문을 나서고, 이어서 들어서는 영희 엄마.

영희	(달려가 엄마 품에 안기며) 엄마!!
철수 엄마	오매, 밤새 서울 갔다 왔는가? 영희 아빠 안 들어 온 거 같은디?
영희 엄마	연락도 없이 외박할 사람이 아닌데….
철수 엄마	그건 뭐대? 영희 줄라고 사 왔꼬만…!
영희 엄마	아 네… 롯데리아 햄버거예요. 서울엔 이거 때문에 난리 났더라구요.

이모	(햄버거를 덥석 낚아채며) 이게 그 미제 음식이대?!
철수 엄마	아따, 지지배야! 허천병 났냐?! (미안해하며) 피곤한디 미장원 열라고?
영희 엄마	(속상한 기색으로) 순덕이 엄마가 결혼식 있다고 머리 좀 봐달라고 했어요.
철수 엄마	(건넌방으로 가는 이모를 향해) 아야, 철수 꺼 남겨놔라 잉. 혼자 다 처먹지 말고!

어딘가 어두운 표정의 영희 엄마.

#018   동네 목욕탕~골목길 : 오전

(몽타주) 온탕에 몸을 담근 알몸의 남자들을 보며 두 눈이 커진 철수. 첫 남탕행이다.

#Cut to. 이발을 하고 말끔해진 삼촌. 그가 건넨 바나나우유로 숙취를 달래는 할아버지.

삼촌	(소리 죽여 은밀하게) 철수 니, 때밀이한테 때 밀었다고 말하믄 안 된다잉. 알았쩨?
철수	(체중계 바늘이 보이고) 돈이 어디서 났는가? (손을 내밀며) 엄마가 돈 안 줘짜네?!

삼촌	(철수 손을 치며) 아따 이 싸갈탱이. 한철수! 니도 남탕 왔은께, 인제 진짜 싸나이여. 긍께 인제부텀 싸나이답 게 굴어야제. 아 글고 짜장면도 열심히 거시기해불고!
철수	싸나이는 좋은디, 짱깨는 안 한당께.
삼촌	한당께.
철수	안 한당께!
삼촌	한당께.
철수	안 한당께!!
삼촌	안 해분당께.
철수	해분당께!!! 이잉?!

#Cut to. 목욕탕을 나오는 철수, 할아버지, 삼촌.

할아버지	내 쫌 섭해질라 하네. 가업은 이어야디?
철수	엄마 배 속에 있짜네!
삼촌	엄마 배 속이야? 여동생이믄 어뜨케 짱개가 되긋냐?
철수	또 만들믄 되제 뭔 걱정이대?! 우리 아부지, 아직 젊은 디!

골목 입구에 다다른 철수네. 학생들의 외침에 대화가 멈춘다.

시위대

"비상 계엄령을 해제하라!"

"휴교령을 철폐하라!"

"김대중을 석방하라!"

"우리들은 정의파다 훌라 훌라 같이 죽고 같이 산다 훌라 훌라

무릎을 꿇고 사느니보다 서서 죽기를 원한다 우리는 정의파다 훌라 훌라"

훌라송 〈정의가〉를 외쳐 부르며 시위하는 학생들. '비상 계엄령 전국 확대'에 따른 '학내 진입 금지'에 항의하고 있다. 지나는 시위대에 묻히는 삼촌과 할아버지, 철수. **(타임 랩스)**

#019   화평반점 앞 거리 ː 오전

나른한 일요일 거리를 걷는 할아버지, 삼촌, 철수. "Young man, there's no need to feel down…." 냉차 행상, 병아리 장수, 전당포, 사진관, 교복점, 체육사, 세탁소를 지나 레코드 가게 '신나는 레코드'에서 팝 그룹 빌리지 피플(Village People)의 〈YMCA〉가 흘러나온다. 고정간첩 및 현상수배 전단지가 붙은 공고판. '계엄령 전국 확대에 따른 경고문' 위에 '영희 ♡ 짱깨 얼레리꼴레리'라고 적힌 낙서를 보고 표정이 일그러지는 철수. 씩씩거리며 '짱깨'를 지우고 그 자리에 '철수'를 써넣는다.

#Cut to.

여자아이들   금강산 찾아가자 일만 이천 봉~ 볼수록 아름답고 신
         기하구나~ 철 따라 고운 옷 갈아입는 산~ 이름도 아

름다워 금강이라네 금강이라네.

순간, 고무줄을 끊고 달아나는 남자아이들. 골목을 누비는 추격전. 쫓던 2학년 누나가 남자아이의 목덜미를 잡고 담벼락에 밀어붙여 겁을 주면, 영희가 다가와 허리춤에 손을 얹고 째려본다.

2학년 누나	이 꼬무줄 누구 껀 줄 아냐?
아이1	누구 꺼른? 가시내가 남자한테 협박하냐?
2학년 누나	째깐한 게, 확! 꼴에 남자라고⋯ 영희 아빠 군인인 거 다 알제?
아이1	군인⋯! 내가 안 그랬당께⋯ 으⋯ 앙⋯ (울음이 터지고) 짱깨가 시켰어야.
영희	짱깨?
철수	(대문을 박차고 나와 아이1의 멱살을 잡고) 짱깨 짱깨 하지 말라 해쩨!!! 이씨⋯.

시간 경과. 흘린 침을 삼키는 아이들의 눈이 퉁퉁 부어 있다. 버려진 TV 위에 앉아 아이스크림을 빨고 있는 철수와 영희.

철수	할아부지랑 약속했어야.
영희	무슨 약속?
철수	남동생 태어나믄 나 짱깨 안 해도 된다 했어.
철수 엄마	영희야! (영희와 철수가 동시에 쳐다보고) 엄마한테 전화 왔다 해라!

점심시간. 학생 손님들로 북적이는 가게. 홀로 분주한 철수 엄마.

철수   엄니! 영희 엄마 왔어라!

철수 엄마   영희 아빤디, 쪼께 급한 거 같드만.

영희 엄마   매번 죄송해서 어떡하죠….

철수 엄마   갑장 친군디 뭔 소리다요. 정 없게시리. 서울에 비하믄
                여가 촌이라… 전화 나올 때까진 마음 편히 쓰쑈잉.

영희 엄마   매번 미안해서 그러죠.

아모레 이모 (가게로 들어오며) 미안하믄 아모레 선전 좀 해주랑께
                요. 쩐번에 본께 쥬단학 선전하드만.

영희 엄마   그때야… 쥬단학 아줌마가 마사지해준다고 해서….

아모레 이모 마싸지? (손사례) 그거 다 야매여요. (사원증을 보여주
                며) 쥬단학은 요런 게 있을랑가 모르겄네. 끕이 다르당
                께요 끕이! 싸비스 받을라믄 언능 옷씨요. 내 풀코스
                로 밟아줄 텡께.

가게 밖에서 손짓하는 날라리. 영희와 놀던 철수가 반응한다.

철수   영희야. 보여줄 꺼 있어야. (가게 밖으로 나가려는 듯)

영희 엄마가 고개를 끄덕이자 철수를 따라나서는 영희. 영희 엄마의 통
화가 이어진다.

영희 엄마	무슨 일이야? 연락도 없이… 영희가 혼자 있었잖아. 주
	인집 눈치 보이게.
영희 아빠(V. O)	니 내 말 잘 들어라이! 오늘부텀 절대 나가지 말어! 미
	장원 문도 닫아불고!
영희 엄마	(주변을 살피며) 왜? 무슨 일인데?
영희 아빠(V. O)	난중에 다 말해줄 텐께, 시키는 대로 해라잉! 알았제?

이때, 문으로 들어서는 군인들. 식사 중이던 학생들과 눈이 마주친다.
식탁을 사이에 두고 계엄군에 둘러싸인 학생들이 바짝 긴장한다. 경직
된 기류 속에 일순 고요해진 화평반점.

계엄군 상사	여기 짜장면 주세요.
계엄군2	(슬그머니 나가려던 학생을 완력으로 자리에 앉히며) 어이,
	밥 처먹을 때도 데모합니까?

#021   화평반점 앞~홀~마당 : 정오

시위대(V. O)

"광주시민 합세하라 합세하라. 광주시민 합세하라 광주시민.

합세하라 광주시민은 합세하라!!"

밖에서 개사한 〈홀라송〉이 들려온다. 홀 안에선 계엄군에 둘러싸인 학

생들이 일촉즉발의 날 선 상황에 얼어붙어 있다.

이모	(밖 시위대를 향해) 아야, 시끄러워야! 밥땐디 밥은 안 묵냐?!!
시위대	(밖에서 들리는) 언제부터 군바리가 짜장면을 먹는대, 짬밥이나 먹제!
계엄군1	특별한 날은 특별식이제. 하하하, 안 그냐?
계엄군2	밥 먹을 땐 똥개도 안 건들어야. 쪼까 기둘려라. 아조 조사불랑께.

이모 팔을 덥석 잡아 무릎에 앉히는 계엄군 상사. 놀라서 눈이 휘둥그레지는 이모. 음식을 나르던 철수 엄마가 화들짝 놀라 이들 앞으로 성큼 다가선다.

계엄군 상사	쩝쩝… 쩝… 저 학생들 여기 단골입니까? 눈깔 굴리는 거 보니 빨갱이 새끼 같은데.
이모	네…? (붙들린 팔을 빼려 애쓴다)
계엄군 상사	(이모를 쳐다보며) 내가 보니 아가씨가 저 빨갱이들보다 훨씬 똑똑한 거 같은데.
철수 엄마	아야!! 니는 언능 들어가야! (이모를 밀쳐내 벗어나게 하고) 그냥 학생들이어요, 단골 학생. 빨갱이 아니랑께요.
계엄군 상사	쩝쩝… 아, 그라요? (비꼬듯이) 저기… (턱 끝으로 학생들을 가리키며) 군만두 하나씩 돌리세요. 돈은 달아놓으시고.

철수 엄마	예… 예?
계엄군 상사	먹을 때만큼은… (문자도 '和平'을 쳐다보며) 화평해야지 않겠습니까?

시위대(V. O)

"비상 계엄령을 해제하라!"

"휴교령을 철폐하라!"

"김대중을 석방하라!"

#Cut to. 이모가 안채로 들어선다.

이모	(신경질적으로 엉덩이를 털어내며 되돌아본다) 느자구 읎는 새끼! 으아아아악!! (몸서리치며) 뭐시 어찌고 어째야? 빨갱이? (고개 돌려 홀 쪽을 보고) 뭐 눈엔 뭐만 보인다고. 에잇 씨이…!
영희	(두 손 안에서 병아리가 삐약삐약) 예쁘죠?
이모	(병아리를 흘깃 보며) 니는 마당도 없는디!
영희	….
이모	똥개 새끼랑 방에서 키울라고? 고거 싹 다 병든 병아리랑께.
철수	아니랑께!
이모	기당께!
철수	아니라고, 아니랑께! 내가 사준 것인디.
이모	니가 돈이 어서 나서야?

75

철수	이거(꽃무늬 봉투), 날라리가 주고 갔당께. 내 용돈도 줬어….
이모	날라리? (얼굴이 붉어지며) 니가 날라리를 우째 아냐?

철수가 건넨 꽃무늬 봉투엔 편지와 카세트테이프가 들어 있다. 담벼락에 숨어 훔쳐보던 날라리와 눈이 마주친 이모.

| 이모 | (괜스레) 니미 썩을놈. 나설 용기도 읎어야? 사내새끼가 꽃무늬가 뭐다냐. 넘사스럽께. (날라리 쪽을 힐끗) 철수 니, 이딴 거 또 받아 오믄 디진다! |

#022 화평반점 앞 거리 : 오후

시위대
"비상 계엄령을 해제하라!"
"휴교령을 해제하라!"
"김대중을 석방하라!"

시위대가 옥상에서 구호를 외치며 유인물을 뿌린다. 구호를 따라 외치는 무리. 앞으로 나오며 화염병을 던지는 시위대. 탱크를 앞세운 계엄군들이 충정 대열로 진형을 갖추고 있다. 펑, 펑, 펑… 날아와 바닥에 뒹구는 최루탄. (C. U) 매캐한 최루가스가 터지며 화면이 뿌옇게 덮인다.

#Cut to. 회색 연기 속에서 휘우듬히 달려오는 삼촌의 배달 자전거. (F. S)

삼촌   쿨럭, 쿨럭… 짜장면 잘 처묵고 뭔 지랄들이여! 워매
               매운 그….

피투성이의 시위대가 삼촌의 자전거를 앞질러 도망친다. 화들짝 놀라
힘껏 페달을 밟아대는 삼촌의 뒤로 계엄군의 함성과 시위대의 비명이
한데 뒤섞인다.

계엄군   와아! 와아! 와아! (퍽! 퍽! 퍽!)

시위대를 향해 무자비하게 진압봉을 휘두르는 계엄군. 사방에서 비명이
터져 나오고 피가 흥건해지는 참혹한 거리가 슬로모션된다. 화평반점
앞, 오색찬란하던 개업 화환들이 부서져 어지럽게 흩어지고, 놀란 삼촌
이 화환의 파편들을 피해 허겁지겁 가게로 들어간다.

#023   화평반점 홀 : 오후

철가방이 실린 자전거를 정신없이 끌고 가게 안까지 들어서는 삼촌. 황
급히 문을 걸어 잠근다.

삼촌   오매… 오매오매… 뭔 전쟁이 나부렀다요! 전쟁 나부

렀어! (흥분이 가라앉지 않는)

할아버지   니는 나서지 말라요. 까딱하다간 이 가게까지 다 말아
먹고 말디.

삼촌   아이 아부지! 아부지는 시방 나 걱정하는 거여, 중국
집 걱정하는 거여?

할아버지   이런 못난 놈! 고거이 고거디. 니는 매번 어째 그리 못
났네!

놀란 가슴을 진정시키기도 전, 쾅! 쾅! 쾅! 닫힌 문을 거칠게 두드리는
소리. 할아버지와 삼촌이 소스라친다.

삼촌   으힝, 형?! 아부지! 형인디, 형이여!

순간, 퍽! 머리를 가격하는 진압봉. 철수 아빠의 얼굴 골을 타고 흐르는
붉은 피. 그가 유리문 너머로 가라앉는다.

할아버지   (삼촌을 향해 다급히) 뭐 하네!! 문 열지 않고?!

서둘러 문을 여는 삼촌. 계엄군을 밀치고 철수 아빠를 잡아 일으키며 안
으로 끌어당긴다.

삼촌   씨발 뭐여?! 왜 사람을 패고 지랄 염병이여!

경악스러움에 말을 잇지 못하는 할아버지. 그가 몸을 부르르 떨고는 말

대신 고갯짓과 손짓을 보내자, 안채로 향하는 철수 아빠. 쾅! 쾅!… 숫자가 늘어난 계엄군의 발길질에 출입문을 막아선 삼촌도 한계에 다다른다.

#Cut to. 절뚝거리며 마당을 지나 변소로 향한 철수 아빠가 문을 열어젖힌다.

이모   으악!! 누구여?
철수 아빠   (문을 닫는다) ….

대청에 누워 아모레 이모에게 얼굴 마사지를 받던 철수 엄마와 영희 엄마. 피투성이 철수 아빠의 등장에 질겁하여 몸을 일으킨다.

철수 엄마   허억! 시상에… 이게 다 뭔 일이요?! 이짝으로, 이짝으로 오쑈. 언능!

안방으로 들어서 다락방 문을 열어주는 철수 엄마. 철수 아빠가 올라가 숨고, 철수 엄마가 다락방 문을 등으로 막아선다. 그녀가 숨을 고르던 그때, 와장창! 진압봉에 유리문이 박살 나는 소리가 가게 쪽에서 들린다.

철수 엄마   오매 아부지!

할아버지   여긴 아이들하고 녀자들뿐이라요.

팔을 벌려 제지하는 할아버지. 진압봉을 휘두르며 마당으로 들이닥치는 계엄군. 삐약삐약… 퍽! 군홧발에 병아리 박스가 날아간다.

영희   (허공을 날아 바닥에 떨어지는 박스와 병아리) 엄마! 병아
                         리… 으앙… 앙앙….
계엄군 상사   이 빨갱이 새끼들! 어디다 숨겼어?

울음을 터뜨리는 영희. 영희 손을 꼭 잡아주는 철수. 엄마들이 소리쳐 아이들을 부른다.

철수 엄마   철수야!
영희 엄마   영희야!
철수·영희   엄마! 엉… 엉엉엉….

달려와 엄마 품에 안긴 철수와 영희가 겁에 질려 치마폭 깊숙이 파고든다.

계엄군 상사   숨겨주면 똑같이 빨갱이 되는 겁니다! 빨갱이!!
할머니   빨갱이는 북한에서 찾디, 요기래 와 찾습매? (눈짓을
                     주는 할아버지)
계엄군 상사   지금 장난합니까?

할머니의 목을 진압봉으로 위협하며 밀고 들어오는 계엄군 상사.

#025   화평반점 안채 : 오후

계엄군들이 집 안을 이 잡듯 뒤지고 있는 광경이 마당 부감으로 잡힌다.
진압봉으로 변소 문을 두드리는 계엄군 상사. 쾅! 쾅!

이모   (문고리를 부여잡고) 뭐여? 사람 있당께!

쾅! 계엄군 상사의 군홧발에 부서지는 변소 문.

이모   누… 아아악…!!

부지불식간, 계엄군 상사가 이모의 머리끄덩이를 잡아챈다. 덜렁 움켜
쥔 머리채에 일순 당황한 기색의 계엄군 상사. 드러난 민머리를 감싸고
신음을 삼키는 이모, 치미는 노여움을 누르며 계엄군 상사 앞을 막아서
는 할아버지.

할아버지   고만합세요! 빨갱이 없시다. 여긴 우리 사돈처넙네다.

겁에 질려 울고 있던 철수가 이모의 민머리를 보자 뚝 울음을 그친다.

계엄군1   여깁니다!!

대청에 올라서는 계엄군 상사의 사지를 붙잡고 필사로 막아서는 할머니와 철수 엄마, 화장품 유리병을 들고 달려드는 아모레 이모.

아모레 이모   어디 남의 가정집에 군홧발로 들어온다요? 나가요옷!

핏자국을 따라 안방에 들어선 계엄군1. 다락방 문고리를 잡아당기려는 순간, 확! 안에서 문을 밀치고 철수 아빠가 뛰쳐나온다. 마당으로 향하려던 그가, 가족들과 뒤엉킨 계엄군 상사와 가게에서 삼촌의 저지에 뒤늦게 달려온 계엄군2를 발견하고, 돌아서 TV를 밟고 창을 넘는다. 군홧발로 화장품을 밟고 뒤쫓는 계엄군1, 2.

삼촌   어디 남의 집을 작살을 내고 지랄이여, 작살을! 대체
              뭐 하는 짓꺼리들이여?

허리를 부여잡고 안채로 들어선 삼촌. 이모를 부축하던 할아버지가 눈짓을 주자 철수 아빠를 추격하는 무리를 뒤쫓는다. 가족들을 밀쳐내며 얼굴이 험하게 구겨지는 계엄군 상사.

영희 엄마   우리 남편도… 대한민국… 군인이에요….
계엄군 상사   대한민국에 군대 안 갔다 온 놈 있습니까?

영희 엄마	애 아빠, 월남전에서 무공훈장까지 받은 진짜… 군인 이라구요!
계엄군 상사	대한민국 군인은 빨갱이를 숨겨주지 않는다 말입니 다!! (분노) (영희 엄마를 겨눈 진압봉 끝이 찌를 듯) 알겠 습니까?
영희	엄마… 엄… 마… 으앙….

으릉! 왈! 왈왈!… 짖어대는 바둑이. 계엄군 상사 다리에 달려들어 군복 바지를 물고 놓지 않는다. 진압봉을 세차게 내려치는 계엄군 상사. 바둑이의 비명. 퍽! 퍽! 퍽!… 진압봉이 피에 물들도록 멈추지 않는 계엄군 상사. 얼음장처럼 굳어버린 가족들.

#027 　　　　　　　　　　　　　　　　　　화평반점 마당 : 오후

군홧발에 짖이겨져 어지럽게 흩어진 화장품들. 다리가 부러져 기울어진 TV에서 흘러나오는 뉴스 화면. '최규하 대통령 특별성명'으로 비상계엄 확대 불가피성에 대해 연설하고 있다.

최규하 대통령(V. O)
"국민 여러분! 작금의 국제 정세는 동서 간 긴장이 고조되는 풍전등화와 같은 정세
가운데 아프가니스탄과 이란 사태를 위시하여 동서양에 있어서는 소련의 군사력
증강 등 인류 평화와 안전을 위협하는 불안 요인이 증대하고…. (하략)"

바들바들 떨고 있는 영희. 놀란 영희와 철수네 가족들이 공포에서 벗어나지 못하고 있다.

삼촌	(달려 들어오며) 헉헉… 허억헉… 안 보이는디. 갠찮겠지라…?! (혀를 빼고 죽은 바둑이가 보인다) 욱…! (고개를 돌린다)
할아버지	(삼촌을 향해) 뭐 하고 있네, 날래 치우지 않고.
영희 엄마	(부들부들 떨며) 진짜… 이 빨갱이들 때문에….
철수 엄마	워매, 영희 엄니! 누가 빨갱이래요? 우리 철수 아빠 그런 사람 아니어라!

쨍강! 할아버지가 들고 있던 물 사발이 마당에 나뒹군다.

영희 엄마	꺅! 엄마야!

땅바닥에 원을 그리며 데구르르 도는 물 사발. **(C. U) (고속촬영)** TV 소리가 환청처럼 들려온다.

#028   **화평반점 안채 : 밤**

이모(V. O)

"And the saddest thing under the sun above

is to say goodbye to the ones you love….”

축 늘어져 신문지에 싸인 바둑이가 사과 궤짝에 담겨 있다. 자전거에 싣고 골목 어둠으로 사라지는 삼촌. 긴 담배 연기를 내뱉는 할아버지.

#Cut to. 부서져 덜렁거리는 변소 문짝 사이로 철수가 보인다.

철수	끄… 응… 엄니.
철수 엄마	엄마 여 있어야. 언능 싸랑께! 벌써 몇 번이나 똥을 싼다냐?
철수	…수욱…제랑께… 끄… 응….
철수 엄마	뭔 놈의 숙제를 똥간에서 하냐?

#Cut to. 이모 방 창밖에 기대선 날라리. 철수 엄마의 다급한 목소리가 들린다.

철수 엄마(V. O)	철수야! 철수야!

#Cut to. 경련과 함께 입가에 흰 거품을 물고 있는 철수를 품에 안고 달려오는 할아버지.

철수 엄마	철수야! 아야, 철수야!! 야가 왜 이란데… 철수가 이상한디요!
할아버지	날래 가 냉수 떠 오라우!!

할머니   낮에 기런 일이 있었는디… 아가 놀래지 않았갔어….

#029   화평반점 안채 이모 방 ¦ 밤

구석에 세워진 이모의 기타. 앉은뱅이책상 위로 '78년 목포항 가요제 대상'의 트로피와 상패, '대학가요제' 포스터가 보인다.

사회자(V. O)
"자, 다음은 대상입니다. 대상은…
멜라니 사프카(Melanie Safka)의 〈The Saddest Thing〉을 부른 박. 정. 애!
목포여고 3학년 박정애 학생입니다. 축하드립니다!
그럼 78년 목포항 가요제 대상곡 〈The Saddest Thing〉을 앵콜로 청해 듣겠습니다.
여러분, 우레와 같은 박수 부탁드립니다!"

이모(V. O)
"…And the loudest cry under the sun above
is the silent goodbye from the ones you love. ah, ah, ah…."

카세트 플레이어에서 통기타를 치며 노래를 부르는 이모의 목소리가 흘러나온다. 가발을 손질하는 이모의 초점 잃은 눈에서 서러움이 흐른다.

철수 엄마(V. O)   아야! 소리 쫌 쭐여야!!

이모	흐 흐흑… 아… 알…았당께….
철수 엄마(V. O)	아가 숨 넘어가는디, 어째 내다보도 않냐?! 허이고….
이모(V. O)	(피아노 반주) "And the saddest thing under the sun…."

귀에 익은 멜로디에 이모의 방문을 물끄러미 바라보는 철수 엄마. 그녀의 가슴 한편이 아리다.

이모	얄굽네잉… 언제 녹음까정….

눈물을 삼키던 이모의 얼굴에 옅은 미소가 번진다.

#Cut to. 냉수를 뿜어내는 할머니. 조금씩 정신이 돌아오는 철수가 엄마 품으로 파고든다.

철수	엄마….
철수 엄마	철수야…. 인자 갠찮해. 암 일도 읎어야! 암것도 아니여…. 오매 내 새끼….

#030   화평반점 안채 대청 : 밤 : 등화관제

괭. 괭. 괭! 괘종시계가 울리고, 웨엥… 웽… 통행금지를 알리는 사이렌 소리가 울린다.

통장(V. O)	"아, 아, 통장입니다아. 다들 알지라?! 통금이 금일부터 9시로 변경되었습니다아. 밤 9시 이후로다가 외출은 일절 자제하시고, 등화관제도 꼭 좀 실시해주실 거슬 당부 말씀 드리겠습니다아. 아, 아, 다시 알리겠습니다아…"

잦아드는 방송 소리. 대청과 방마다 전등을 끄는 할아버지. 어둠 속에 묻히는 철수네. 정체 모를 고함과 저벅이는 군홧발 소리가 섬뜩하게 파고든다.

철수	엄니 무서워….
철수 엄마	오늘은 엄마랑 자자잉…. 나쁜 사람들은 이 엄니가 혼내줄 텐께, 걱정 말어….

솜이불 속에 몸을 숨기고 불안한 밤을 넘기는 철수네.

[철수의 그림일기] 1980년 5월 18일 일요일, 맑음
이모 머리도 홀라당 해불고, 바둑이도 겁나 아팠을 거신디. 영희가 바둑이를 좋아해서 쪼께 미워했고만. 바둑아 미안해야. 영희는 나가 지켜줄 텐께 하늘나라에서 행복해라잉. 그라고 보믄… 2학년 누나가 말한 나쁜 군인들이 진짜 맞았어야.

#Cut to. 솜이불을 뒤집어쓰고 그림일기를 쓰던 철수가 이불을 걷어찬다.

철수	엄니. 숨 막혀 디지겠어….

#Cut to.

통장(V. O)	성님…!!

통금의 적막을 깨는 통장의 목소리. 인기척에 놀란 철수네 가족.

할아버지	뉘… 뉘기요?
철수	엄마….
통장(V. O)	아, 성님 나랑께… 백 통!
할아버지	아니, 통장이 이 시간에 뭔 일이가?

박살 난 자전거를 끄는 통장과 정육점 사장에게 의지해 들어서는 삼촌.
얼굴이 상처투성이다.

할아버지	아니 이 민충이 새끼래… (얼굴의 상처를 확인하고) 니, 와 이라네?
할머니	상두야!
통장	아따, 말도 마랑께. 당최 어써 이라고 고약하게 처잡쉈는가, 통금 땡겨진 굿도 모르고 말이여.
할머니	아고야, 얼굴은 어데 그랬네?
통장	상두 이놈이 파출소에서 지랄지랄 해싸는디, 선량한 지그 가족들은 어찌고저찌고 지그 성은 또 뭐 거시기

하고….

할아버지   (화가 치밀어) 이… 모지리 새끼… 참말이네?

통장   이만한 게 다행이지라.

할아버지   니는 형이 걱정도 아이 되네? (버럭) 우째 이래 딴판이
가!!

부아가 치밀어 손이 번쩍 올라가는 할아버지. 몸을 가누지 못해 휘청휘
청하던 삼촌은 정신이 번쩍 들며 절묘하게 피한다.

삼촌   아부지! 나가 누구 땀시 요로코롬 술 처묵었는디! 그
잘난 성은 아부지 자슥이고 내는 뭐여? 내는 뭔디! 내
는 뭐여?

할아버지   뭐이 어드래? 이 주둥이만 살아서리… 이 간나새끼래!

할아버지가 삼촌에게 대노하여 손찌검을 하자 이를 말리는 가족들. 비
틀거리며 뒤로 밀리는 삼촌을 힘껍게 붙드는 정육점 사장과 통장.

삼촌   (울음을 터뜨리며) 엄니… 차말로 억울하요. 나가 첫째
로 태어났어도 쩌럴란가 모르겠쏘….

#Cut to. 널브러진 화환들과 부서진 가게 문짝의 파편들이 어지럽게 흩
어져 있다. 한편에 심하게 부서져 나뒹구는 자전거. 다가와 쓰러진 자
전거를 세우는 그림자. 철수 아빠다. 이때, 천천히 총을 겨누고 철수 아
빠에게 다가서는 또 다른 그림자. 가까워지면 영희 아빠의 얼굴이 드러

난다.

영희 아빠	한상원!
철수 아빠	…정환아….
영희 아빠	(복잡한 감정) …하아… 씨벌 맞구마잉….

서로를 응시하는 두 사람. (정지된 화면) 철수 아빠 뒤로 좁혀오는 편의대. 돌아보는 척하다가 방심한 영희 아빠를 밀치고 그대로 내달려 도망치는 철수 아빠.

영희 아빠	야, 한상원! 거기 서!! (탕! 탕!) 잡아!!

뒤쫓는 사람들. 유령 같은 그림자들이 뭉쳤다가 흩어지고 더 깊은 어둠 속으로 사라진다.

#031   화평반점 안채 : 아침

노랗게 지도가 그려진 이불을 널고 있는 철수 엄마.

철수 엄마	이것이 뭔 일이대… 다 큰 아가… 오늘 학교는 갈 수 있겠냐?
철수	(퉁퉁 부은 얼굴로 머리에 키를 쓰고 소금 바가지를 내민다)

숙제 내야 한당께.

할머니 아가 괜찮네? 삼촌한테 자전거 태워달라 하까?

삼촌(V. O) (밖에서 들려오는 괴성) 으으으매!! 이것이 뭐여?!

#Cut to.

삼촌 완전 개박살 나씨야! 니미 씨벌, 누가 이랬대?!!

헛구역질하던 삼촌이 어이없어한다. 얼굴의 상처를 더듬어도 간밤의 일이 도무지 기억나지 않는 표정이다.

철수 (찌그러진 자전거 바퀴를 통해 보이는) 학교 다녀오겠습니다.

삼촌 아이, 철수야. 어제 이 몸이 언제 들어왔냐? 하… 뭔 놈의 대가리가 기억이 없씨야.

철수 그림일기 그릴 때 왔는디.

삼촌 그림일기 그릴 때가 언젠디?

철수 잠자기 전이제.

삼촌 그냐? 어떤 씨방새가 넘의 자가용을… 와, 미쳐불겄네!

책가방을 멘 철수가 영희미장원 앞을 기웃거린다.

#Cut to. 가방에서 '한철수' '민영희' 이름이 적힌 채변 봉투를 꺼내 하늘에 비춰 보는 철수.
#Cut to. 책가방을 다시 메고 처마 밑을 서성이더니 귀를 쫑긋 세워 창가로 다가간다.

이모	우리 오줌싸개, 소금은 얻어 왔능가?
철수	옴마 놀래라. 간 떨어지겄네!
이모	동네 사람들이 뭐라 안 하드냐? (엉덩이를 토닥거리며 볼에) 쪽! 쪽!
철수	왜 근당가? (질색하며) 영희 본디!
이모	영희야? 보믄 뭐시 으째서… 얘기해줘부까?
철수	안 된당께! 글믄 나도 대머리 얘기해부까?
이모	(꿀밤을 주며) 째깐한 거시, 못된 것만 배워가꼬 인제 협박까지 해부네. 확!

선글라스를 벗은 이모의 눈이 퉁퉁 부어 있다. 고개를 갸웃거리는가 싶더니 목청껏 영희를 부르는 철수.

철수	영희야! 학교 가자. 영희야! 영희야아!!

아무도 나오지 않자 입을 삐죽이며 입구로 바짝 다가서는 철수. 순간, 문이 열리고 눈이 충혈된 훌쩍이는 영희 얼굴이 코앞에 나타난다.

영희 엄마   (등을 떠밀며) 어서 가!
영희   엄…마… 으… 엉… 가기 싫어…. (다시 엄마 품으로 파고 든다)
영희 엄마   (품에서 밀어내며) 아프면 조퇴하고 와, 알았지?
영희   응…?! 싫어… 무섭단 말야.

조금씩 조금씩 옆에 다가와 있던 철수. 영희 엄마에게서 덥석 책가방을 받아 든다.

철수   나랑 같이 가잖께.
영희 엄마   무섭다고 학교를 안 가? 어서 가라니까!!

쾅! 문을 닫아버리는 영희 엄마. 닫힌 문을 두드리며 매달려 서럽게 우는 영희.

영희   엄마… 으앙….
철수   영희야….

우는 영희를 달래려 손을 잡으려는 철수. 이를 세차게 뿌리치는 영희. 눈치를 보던 철수가 한 발짝 앞서 걸으며 이야기보따리를 푼다.

철수	영희… 니 사루비아 묵어봤냐? 흐미… 꽃에 꿀이 들었당께. 영희야… 우리 삼춘이 바둑이 잘 묻어줘써야. 사루비아 꽃도 피고 분꽃도 피는 디다 묻어줬다 해꼬만… 바둑이는 좋겄제! 근디… 분꽃은 나도 잘 몰른디…. (해맑게 웃는다) 헤에… 꽃 피믄 같이 꿀도 따 묵꼬 바둑이도 꼬옥 보러 가자이잉? (씨익)
영희	(조금씩 환해지는 얼굴)
철수	삼촌이 데꼬 간다 약속해쓴께! 글고… 병아리는 내가 또 사줄 텡께. 이름도 지어줘불고 나가 수수깡으로 겁나 짱짱한 집도 지서줄란께, 내만 믿어부러야. (가슴을 쭈욱 내밀며) 나는 싸나이랑께!

한결 마음이 풀린 듯, 철수의 이야기를 들으려 바짝 뒤따라 걷는 영희.

철수	영희 니도… 내가 지켜줄 것이여… 흐히히….

#Cut to. 찌그럭거리는 자전거를 끌고 가는 삼촌. 비릿한 땀을 흘리며 걷던 그가, 영희를 지나 앞서가던 철수를 지나친다. 그러다 뒷걸음질.

삼촌	아따, 우리 장손! 아침부텀 솔찬히 보기 좋아부러야! 서울 각시도 허벌라게 이뻐불고.

철수가 들어준 책가방을 휙 채어 안고 종종걸음으로 도망치듯 앞질러 가버리는 영희.

삼촌	아이 영희야, 어디 가냐?
철수	삼촌!!
삼촌	깜짝이야! 뭐?
철수	술 좀 그만 먹으랑께! 왜 맨날 비싼 술 먹고 헛소리만 한당가! (영희를 쫓아 뛰어간다)
삼촌	(뛰어가는 철수를 향해) 저거시, 어서 소리를 빼락빼락 지르고 지랄이여 지랄이. 니 이리 안 오냐! 잉! 하나둘 서이… 너이! 삼춘을 완전 개떡으로 알고마잉….

뿔난 삼촌의 시야로, 달려가 영희 손을 잡는 철수가 보인다. 어이가 없는 삼촌.

#033   화평반점 주방~홀 : 정오

말짱해진 자전거를 가게 앞에 세우고 터덜터덜 들어서는 삼촌. 주방에서 짜장을 볶으며 무심한 듯 이 상황을 쓱 훑는 할아버지.

할아버지	(웍질에 시선을 고정한 채) 거 얼매나 들었네?
삼촌	(눈을 피해 딴청) 을마 안 들어써라… 지 돈으로 했당께요… (급흥분) 어채피 내는 쩌거 없으믄 쓸모없는 넘 아니여!
할아버지	저, 저저….

다시 눈을 피하며 다소곳해지는 삼촌.

할아버지   주방으로 들어오라우!
삼촌   (눈이 휘둥그레지며) 잉?!

지글지글… 탁탁… 진땀을 쏟으며 짜장을 볶는 삼촌. 비법이 적힌 쪽지
를 보고 낙지를 한 움큼 집는다.

할아버지   (화들짝) 고 비싼 낙지는 거다 와 넣네!
삼촌   아부지! 이거슨 짜장이 아니랑께. 이거슨… 요리랑께
             요!
할아버지   거 건방 떨지 말라우!

삼촌을 응원하는 할머니와 철수 엄마. 삼촌 이마의 땀을 닦아주는 할
머니.

시간 경과. 학생들 테이블에 짜장면이 놓인다.

대학생1   뭐대요? 곱빼기 시켰는디, 어째 두 그륵이대요?
할머니   우리 둘째가 개발한 낙지짜장이라요, 잡숴보기요.
대학생2   낙지짜장!
할머니   고저 맛나게 잡숫고 소문 많이 내주기요.
대학생1   꽁짜 맞지라? 킁킁… 일단, 냄새는 굿! 요 짜장은 세발
             낙지가 화룡점정이구마잉. 음… 팔팔한 낙지는 좋은

	디, 궁합이 어째 쪼까 낯설제?
대학생2	면발은 또 뭐여! 쫌 거시기 하구마잉. 짜장 소스는 대파기름, 양파, 감자… 맛은 고만고만한디, 요 낙지가 들어간 거시 비쌀 거 아녀? 글믄 가격도 문젠디…!
대학생1	(할아버지가 만든 짜장을 먹으며) 후룩… 쩝쩝! 음… 나는 요것이 맛있다야!

덤덤하게 어깨를 으쓱해 보이는 할아버지와 심기가 불편한 삼촌. 겨우내 씌워둔 붙박이 선풍기의 비닐을 벗기고 하나둘 콘센트에 꽂아보던 철수 엄마가 꾹꾹 웃음을 참는다.

철수 엄마	(선풍기 줄을 당기고) 으매, 시원한 그!

먹고 있는 그릇을 확 **뺏는** 삼촌. 그 사이를 뚫고 들어오는 철수와 영희.

철수	엄니!
철수 엄마	학교 안 갔냐?
철수	가정수업 하라는디. (가정통신문을 내민다)
철수 엄마	(가정통신문과 철수를 번갈아 보며) 학교까지 못 가믄 어쩐다냐?
철수	뭐시 걱정이대, 영희랑 놀 꺼랑께. (싱글벙글)
영희	(철수를 보며 빙그레 웃는다)

이때, **(고속촬영)** 쾅! 화평반점으로 뛰어 들어오는 학생들. 그 뒤로 계엄군

들. 입구에 쌓인 밀가루 포대를 번쩍 든 학생을 향해 날아오른 진압봉. 포대가 터지고 흰 가루를 선풍기가 실어 사방으로 나른다. 가게 안에 가득한 흰머리, 흰 눈, 흰 코, 흰 뺨, 흰 손, 흰 셔츠, 흰 군복…. 하얀 철수네 가족들. 그리고 새하얀 영희.

영희   (뒷걸음치던 영희 주변이 일순 환해지더니) 눈…이다. (입술로 미세하게 읽히는)

그런 영희를 바라보는 철수의 눈에 정말로 하얀 눈이 펄펄 날리고 있다.

철수   (꿈속에 있는 듯한 무아의 미소) 영희야….

화평반점이 눈 속에 갇혔다. 계엄군의 진압봉이 슬로모션으로 느리게 움직이고, 몸을 감싸며 움츠리는 대학생들, 그들 가운데 장군처럼 우뚝 선 할아버지가 있다. (현실과 다른 철수의 시선) 삼촌의 손에서 벗어나 공중으로 날아오른 짜장면. 퍽!! **(정속 전환)** 이를 뒤집어쓴 엄마.

대학생1   퀙, 퀙…!! 언능 도망가야!!!

놀란 학생들이 창문을 넘어 줄행랑을 친다. 미처 피하지 못한 조간신문 보급소 청년들을 향해 거세게 진압봉을 휘두르는 계엄군.

할아버지   고만하라우! 기거 와 남의 집에 들어와 지랄들이네!
계엄군1   영감, 비켜욧! 국가의 명령입니다. 이 빨갱이 새끼들!

대학생1	(할아버지 뒤에 서서) 몇 번을 말하냐?! 나는 그냥 학생이여 학생!!
어린 계엄군	이 개새끼가, 어디다 반말이야! 이 개새끼!
대학생1	우윽…! 넌 몇 살 처먹었는디?
어린 계엄군	묵을 만큼 무따, 씨발 새끼야!!
대학생1	우윽!
할아버지	(계엄군을 막아서며) 이… 이보라요! 여기서 이라지 말고 나가서 얘기하라우!!

이들 사이에 끼어들며 호기롭게 진압봉을 잡는 삼촌.

어린 계엄군	뭐야! 너도 빨갱이야?
삼촌	윽! (발에 걸어차이며) 아니어라. 나는 여기 둘짼디요.
어린 계엄군	우리가 우습게 보입니까? 이 빨갱이 새끼가….
할아버지	(계엄군을 붙들며) 야는 빨갱이 아니라요!
어린 계엄군	(할아버지를 밀쳐 넘어뜨리며) 영감도 빨갱이야? (진압봉을 높이 쳐든다)
삼촌	(내려치는 진압봉을 손으로 붙들고 팽팽하게 밀어붙이며) 빨갱이! 빨갱이! 이 주댕이를 콱!! 왜 자꾸 빨갱이를 여서 찾는디!
어린 계엄군	(힘에 밀려 중심을 잃자 더 격해지는) 이 개새끼가!! (눈을 희번덕거리며 진압봉을 쳐들고 달려든다)
삼촌	윽! 윽! 윽! (날아오는 진압봉에 몸이 말려 움츠러든다)
할머니	아아악…! 그만하시라요! 우리 아 죽습네다.

철수 엄마	엄니! …철수야!! 안으로 들어가야!!

진압당하던 학생들이 잠시 망설이다 그대로 문밖으로 도망친다.

#034   화평반점 안채 : 정오

손을 잡고 안채로 뛰어든 철수와 영희가 다락방으로 숨어든다. 뒤이어 도망치는 삼촌. 대문을 나서려 하지만, 밀고 들어오는 계엄군에 또다시 부엌으로 향하면 거기서도 계엄군이 튀어나온다. 무력에 밀려 안방까지 쫓겨 온 삼촌이 다락방 문을 열고 올라서려는 순간, 허옇게 밀가루를 덮어쓴 계엄군들이 뒤에서 목덜미를 잡아 끌어 내린다.

할머니	우리 아 맞습네다…! 살려주시라요!
삼촌	허억 허억… 나는 빨갱이 아니랑께… 여 식구랑께….
어린 계엄군	씨발 새끼가. 우리가 물로 보여? 군대 갔다 왔어?
삼촌	우이씨…! 갔다 와씨야!!
어린 계엄군	(또다시 진압봉으로 내려치며) 이 새끼가!
삼촌	우욱!!
할머니	우리 둘째가 맞습네다! 우리 집 둘쨉네다! 대학생도 아이고 빨갱이도 아입네다.

계엄군 손에 질질 끌려가는 삼촌. 따라가며 애원하는 할머니를 거칠게

밀쳐내는 계엄군.

#Cut to. 계엄군의 탱크와 장갑차에 진압당한 거리. 도망쳤던 학생들이
속옷 차림으로 줄줄이 끌려 나오면, 계엄군이 학생들 몸 곳곳을 군홧발
과 개머리판으로 무자비하게 찍어 내린다. 따라오는 철수네를 일제히
대검이 꽂힌 M16 소총으로 겨누는 계엄군.

할머니	(주저앉아 울부짖으며) 상두야! 상두야!!

#035   화평반점 안채 다락방 : 오후

밀가루를 덮어쓴 철수와 영희의 표정이 심각하다. 서로의 몰골을 확인
하곤 울기 직전이다.

시간 경과. 영희 머리의 밀가루를 털어주는 철수.

영희	아! 야… 아퍼….
철수	가만히 있어봐야. (침을 발라 닦아내며) 영희 니 아빠… 나쁜 군인 아니제?
영희	우리 아빠, 진짜 좋은 군인이야. 훈장도 받은 군인이라고 말했잖아.
철수	글제?!

영희	삼촌은… 빨갱이야?
철수	아녀. 아니랑께. 우리 삼촌, 코는 심하게 곯아도 빨갱이는 아니랑께.
영희	그러면 국군 아저씨들이 왜 잡아가?
철수	….
영희	빨갱이니까 잡아간 거 아니야?

짐들로 좁아터진 다락방 안쪽 깊숙이 자리 잡고 앉은 철수와 영희. 침까지 발라 머리가 심하게 떡 진 영희 옆에서 삐질삐질 땀을 빼고 있는 철수. 열심히 밀가루 털어내기에 집중하는가 싶더니, 갑자기 킁킁 냄새를 맡는다. 얼굴이 붉어지며 영희 냄새에 콩닥콩닥 심장이 터질 듯 뛰기 시작한다.

영희	왜 그래?
철수	(쿵쾅거리는 심장 소리) 잉?! 몰러….
영희	….
철수	왜 근가 모르거써야. 진짜로 모르겠당께.

#036 화평반점 홀 : 오후

틱, 틱, 틱… 목이 꺾인 채 헛돌고 있는 선풍기. 눈 폭풍이 휩쓸고 간 듯 온통 밀가루로 난장판이 되어버린 화평반점에 통장 일행이 들어온다.

아모레 이모	왜 잡아간다요, 왜! 데모의 '데' 짜도 몰른디… 엉… 엉 엉….
할머니	오데로 끌고 갔나 빨래 알아봐주기요, 통장 아입네!
통장	군바리들이 나서는디 나가 뭔 힘이 있겄쏘?! 성님이 따라갔은께, 지는 동사무소 가 한번 알아보께요.
정육점 사장	아까 안 봤쏘? 알아보기는… 그 전에 처맞아 디지게 생 겼쏘야.
통장	얼랄라, 여그는 계엄군이 다쳤다 그라는디!
레코드 사장	허이고… 계엄군이 다쳤다고야? 그거시 말이 되냐? 어 서 씨뻘건 거짓부렁을….

통장이 내민 〈특판 조간신문〉에 '폭도에 의한 군인 사상자 다수 발생' 기사가 보인다.

#037   화평반점 안채 다락방 : 오후

다락방, 짐 사이에서 뒤적뒤적 사진 앨범을 꺼내 보는 철수와 영희. 몰 골이 말이 아니다.

철수	멋있제? 우리 아부지 월남 사진이여.
영희	이건 결혼사진이네, 너는 왜 없어? 우리 아빠도 군복 입고 결혼식 올렸는데.

철수	나도 크른 군인 될 꺼여야. 그것도 장군 될 거랑께!!
영희	장군?
철수	응! 장군.
영희	장군을 아무나 해?
철수	왜? 나가 장군 되믄 안 된가?
영희	꿈 깨라고!
철수	니 나 무시하냐?
영희	(정색하며) 철수야!
철수	(긴장하며) …뭐?
영희	근데… 우리 혼나는 거 아냐?
철수	잠깐, 우리! 니 지금 우리라 했냐? 그냐??
영희	응! 그러면 나라는 어딨는데? 헤… 헤헤….
철수	나라? 우리나라 말하냐?
영희	그래, 우리나라! 너 오늘 이불에 우리나라 그렸잖아.
	오줌싸개! 큭큭!!
철수	조용히 해야! 쪽팔린께… 글믄 니 엄마도 아냐?
영희	그럼! 엄마가 말해줘서 알았는데.
철수	하아… 싸나이 체면이 말이 아니구만… 나도 목욕탕서
	니, 그거….
영희	이게 정말…! 말 안하기로 했잖아! 너어… 으앙….

두, 두, 두… 다락방이 무너질 듯 지척에서 들리는 헬기 소리. 놀란 영희
가 울음을 뚝 그친다.

#038   화평반점 홀~거리 ː 오후

두, 두, 두… 소리도 요란한 군용헬기(UH1)가 마을을 휩쓰는 돌풍을 일
으키며 날아간다. 헬기 시점으로 거리를 선회하는 카메라. 뛰어오는 영
희 엄마를 스쳐 간다.

영희 엄마	(다급히 들어서며) 철수 어머니, 철수 학교에서 왔어요? 우리 영희가 안 보여요!
철수 엄마	오매, 맞네!! 철수! 우리 철수도 안 보인디. 엄니! 철수 봤어라?
할머니	철수래?! …영희카 핵교 댕겨와서래… 기카구 오데로 사라졌네?!
아모레 이모	철수도 잡혀갔대요?

안마당으로 뛰어 들어온 철수 엄마와 영희 엄마.

영희 엄마	영희야! 영희야! 영희야!
철수 엄마	철수야! 철수야! 어딜 갔냐?! 철수야!!

간절하게 아이들을 부르는 소리가 저공비행하는 헬기의 굉음에 잠긴다.

(몽타주) 마당을 지나 삼촌 방, 이모 방을 열어보지만 아이들이 보이지 않
는다.
(몽타주) 눈을 질끈 감은 채 귀를 막고 무서움에 떨고 있는 철수와 영희.

(몽타주) 철수와 영희를 찾아 밖으로 나서는 철수 엄마와 영희 엄마. 하늘에는 헬기(그림자)가 날고 있다.

(몽타주) 거리를 헤매며 길가의 아이들을 붙들고 묻는 철수 엄마와 영희 엄마.

(몽타주) 커지는 헬기의 굉음. 주저앉아 울음보가 터진 철수 엄마가 하늘을 노려본다.

철수 엄마	(하늘을 향해) 도대체 우리한테 왜 이러는디? 왜 지랄 염병을 한대?
영희 엄마	(공중전화 부스로 가서 다급히 다이얼을 돌린다)
철수 엄마	분명 영희 이거시 꼬셨을 꺼여…. (실성한 듯 넋을 놓은) 하는 짓이 을매나 여시 같은디… 서울 것들은 돌아서믄 코도 베어 간다쟈네… 철수야….
영희 엄마	(전화기를 붙들고) 모르겠어… 주인집 철수도 같이 안 보여. (붉게 충혈된 눈을 부릅뜨며) 근데 우리가 무슨 죄 졌어? 왜 우리 영희가 다 잘못했다는 건데. 세 들어 사는 것도 서러운데… 당장 이사 가자고!

군용헬기가 줄지어 하늘을 날자 놀라고 화난 동네 사람들이 하늘을 향해 삿대질을 해댄다.

전화를 붙들고 울먹이는 아모레 이모가 고개를 가로젓는다. 속이 타들어가는 할머니.

철수 엄마　다 찾아봐도 읎어라. 본 사람이 읎당께. 얼로 가브쓰까… 흐엉….

시간 경과. 등화관제. 땀에 절어 들어서는 할아버지. 쌓인 분노 너머로 두려움이 밀려든다.

할아버지　집구석에가 뭐 한다고 아 사라진 줄도 모르네!

할머니　(물 사발을 내민다) 내래 영문을 모르갔어. 무신 구신이 씌지 않고야….

할아버지　온통 난장판에 아수라장인데… 어쩌자고… (물 사발을 내치며) 고 쇠주 가져오라우!

할머니　(얼굴이 일그러지며) 써글… 새끼들 행방도 모르는디… 술이 목구녕으로 넘어가오?

할아버지　(벌떡 일어나며) 아 길쎄, 하나밖에 없는 장손이 없어졌는데, 복장이 안 터지갔어!

아모레 이모　(할아버지 팔을 붙들며) 아부지, 둘째… 둘째 소식은 어찌 됐어라?

#Cut to. TV 불빛. 이리저리 채널을 돌리는 할아버지. 순간, 나오던 화면

이 갑자기 지직거린다.

할아버지   뭣 같네… 꼭 이랄 때… (손으로 텔레비전을 두드리며) 나
            라 꼬라지고 인간들이고… 죄다 대가리가 어드러케
            된!

손전등을 들고 등화관제를 단속하던 통장이 들어선다.

통장   성님! 테레비 안 나오요?
할아버지   이거래 선물받은 기 얼매나 됐간… (이리저리 채널을 돌
            리며) 이, 이….
통장   뻘짓거리 하지 마랑께. 테레비 문제가 아니여. 꼬라지
            난 사람들이 방송국에 불 질러부렀다 안 하요.
할아버지   불…?! (고개를 돌려 하늘을 올려다본다)
통장   잘돼씨야. 나라도 못 믿는디 방송국 놈들이라고 믿을
            수 있간디, 온통 거짓깔이랑께.

방송국 화재로 타들어가는 밤하늘. 폭죽이 터지듯 불꽃이 어둠 곳곳으
로 시뻘겋게 날린다. 분노와 공포에 떨고 있는 사람들이 말을 잃고 불길
을 바라다본다.

#040   화평반점 앞 거리 ː 밤 ː 비 ː 등화관제

통장   (호각을 불며) (쾅! 쾅! 쾅! 상점 하나를 세차게 두드리며)
아따, 미자 엄니! 불 새어 나온당께. 언능 불 끗쑈야!

등화관제를 단속하고 있는 통장. 동네를 살피던 냉차 행상과 머리를 짧
게 깎은 남자들(편의대)이 모였다가 흩어진다. 그 가운데 영희 아빠가
화평반점과 주변, 동네의 분위기를 살피고 있다.

시간 경과. 쏴아 쏴아 쏴… 비가 쏟아지자 서둘러 자전거에 비닐을 씌우
는 할아버지.

할머니   (손전등을 비추며) 태평도 합네! 새끼가 살았나 죽었나
소식 하나가 없는데, 지금 자전거가 기래 소중합네?!

할아버지   이이… 자전거도 패대기치는 가가… 우리 생각이나 할
줄 아오? 어데서 기런 허시깨비 같은 놈이 나와서리….

할머니   듣자 듣자 하니… 주워 온 새끼맨크롬… 나 홀로 맨들
았소? 씨 뿌린 놈이 누구까?

#041   화평반점 안채 ː 밤 ː 비 ː 등화관제

쏴아 쏴… 쏴… 소나기가 쏟아진다. 대청에 모여 앉은 철수네 가족과 영

희 엄마가 거칠게 내리는 비를 바라본다. 누구도 말이 없다. 시간 경과. 어둑한 안방 앞에 작은 형체 둘이 나타난다. 무심코 고개를 돌린 철수 엄마가 소리친다.

철수 엄마   철…수야… 오매 내 새끼!!
철수   엄니… 으앙… 엉엉….

머리가 허옇게 떡 져 몰골이 말이 아닌 철수와 영희가 손전등 불빛에 드러난다. 억척스럽게 내리는 비가 몰고 온 한기에 새파랗게 질려 온몸을 바르르 떨고 있다.

철수 엄마   오매, 환장해불겄네. 내가 니를 얼마나 찾았간디….
영희   앙… 엄마… 으앙….
영희 엄마   이리 와! 왜 엄마를 이렇게 놀래켜! (철썩! 철썩! 등을 때리며) 머리는 또 왜 이 모양이고, 응?
영희   엄마… 엉엉… 잘못했어요. 으엉….
할머니   영희네요, 그만하라요… (영희를 품어 안으며) 이래 찾았으니… 이젠 됐시다….

#042   영희미장원 ~ 화평반점 대청 ┊ 밤 ┊ 비 ┊ 등화관제

불 꺼진 미장원 간판에 비가 내린다. 긴 머리가 어지럽게 헝클어진 채

팔을 들고 벌을 서고 있는 영희. 비에 흠뻑 젖은 몸으로 들어서는 영희 아빠.

영희 아빠   영희야!

영희   아빠… 흐억 흐억 으앙…. (서럽게)

아빠를 보자 울음보가 터진 영희. 몰골이 말이 아닌 영희를 서둘러 안아 주는 영희 아빠.

영희 엄마   (효자손을 들고) 이게 어디서 아빠 왔다고… 손 안 들어!

영희 아빠   숙녀 꼬라지가 이게 뭐대! 머리는 또 어째 근대?

영희 엄마   이 기집애가 글쎄… 아악… 몰라! (분을 삭이며) 애가 없 어졌다고 난리를 쳐야 집에 들어오고… 그렇게 무관심 하니 애가 점점 더 버르장머리가 없어져서 이러는 거 아냐! 오냐오냐하면, 내가 뭐가 돼! 내일 당장 차편 알 아볼 거야. 하루라도 빨리 여길 뜨고 싶다고!

영희   (어깨를 들썩이며 운다) 엄마 잘못했어요. 엄마….

영희 엄마   철수랑 어울리지 마, 알았어? 너만 나쁜 년 되는 거야!

영희 아빠   (젖은 군화 끈을 풀며) 성질머리하고는, 뭔 말에다 그른 가시를 박냐!

영희 엄마   서울 간다며… 왜 다시 주저앉냐고?

영희 아빠   내가 뭔 힘이 있간디… 가라믄 가고 오라믄 오고, 다 위에서 시키는 대로 하는 거제…. (영희를 다시 품어 안 는다)

영희	(품에서 고개를 빼고 올려다보며) 아빠… 아빠는 좋은 군인이지? 응? 맞지?
영희 아빠	아 영희야, 군인이믄 다 좋은 군인이제, 세상에 나쁜 군인이 어딨냐?
영희	(의문 가득한 눈빛) 아닌데… 오늘 바둑이가 죽었어….
영희 아빠	바둑이가 왜야? (놀라 영희 엄마를 쳐다본다)

지난 일들이 떠오른 듯 몸서리치는 영희 엄마.

영희 엄마	그래, 자기 말 좀 해봐! 대체 군인들이 왜 저러는 건데, 대체 왜 이 난리냐고?

대답 대신 영희 엄마를 쳐다보는 영희 아빠의 눈빛이 심하게 흔들린다.

#Cut to. 안채 대청에서 아모레 이모를 달래고 있는 할머니.

할머니	영희네 누구라 와써?
철수 엄마	영희 아빠 왔는갑네요. 그림일기는 다 쓰고 자라잉? 알았제?
철수	졸려 죽겄는디… 으으… 아부지는 갠찮해?
철수 엄마	니 걱정이나 해야! 검사받고 자라잉!!

할머니 품에서 아모레 이모가 훌쩍이고, 철수는 엄마 옆에서 졸린 눈으로 그림일기를 쓰고 있다.

[철수의 그림일기] 1980년 5월 19일 월요일, 맑음 후 비

삼춘이 잡혀가붓다. 하나밖에 없는 울 삼춘이 군인한테 디지게 맞아부렀다. 배달 일도 힘든디, 낙지짜장도 열심히 개발하고… 이른 우리 삼춘이 왜 빨갱이여?!

(몽타주) 불 꺼진 주방. 희미한 촛불에 의지하여 그림까지 그려 만든 레시피를 보며 낙지짜장을 만들고 있는 삼춘.

#043   화평반점 안채 : 오전

주르르륵… 쉬… 잠이 덜 깬 철수가 소변을 누다 말고 섬찟 놀라 뒤를 획 돌아본다. 대청마루에 영희가 없다. 아침부터 통화하며 눈물을 보이는 엄마.

철수	엄마….
철수 엄마	(수화기를 내려놓고 눈물을 훔치며) 지가 안 가도 갠찮겠어라?
할아버지	(구두끈을 고쳐 매며) 상원이네?
철수 엄마	(끄덕끄덕) 예… 야학 제자들하고 같이 있다 하구만요….
할아버지	…손님은 받읍세. 짜장은 내 넉넉히 볶아놨으니….

삼춘의 행방을 찾아 집을 나서는 할머니와 할아버지.

철수	할무니! 할아부지! 어디 가?

#044 화평반점 홀 : 정오

턱을 괴고 무언가에 홀린 듯한 표정의 철수.

영희	엄마가 섬 그늘에 굴 따러 가면~ 아기가 혼자 남아 집을 보다가~ 바다가 불러주는 자장 노래에~ 팔 베고 스르르르 잠이 듭니다···.

머리를 귀밑까지 단정하게 자른 영희를 바라보는 철수. 영희가 〈섬집 아기〉의 간주 부분을 멜로디언으로 연주한다. 마법에 걸린 듯 빠져드는 철수의 눈에 폭죽이 터진다.

철수	우히히···.

(ins.) TV 화면에서 '정부, 신현확 국무총리 등 내각 일괄 사퇴' 보도가 흐른다.

철수 엄마	어뜨케 됐능가 전화라도 주믄 안 된당가··· 엄니도 참말··· (안절부절) 아야, 점심 먹자!
철수	(영희를 뚫어지게 쳐다보며) 영희도 같이 먹을 꺼여.

평소보다 한산한 점심시간. 엄마의 답답한 마음은 안중에도 없는 듯 철수와 영희 얼굴에 웃음기가 가득하다.

철수 엄마　　(짜장면을 내려놓고) 느그 둘은 시방 웃음이 나오냐? 영희, 니 엄마는?

철수　　(영희를 바라보며 턱을 괸 채 싱글싱글) 차편 알아본다고 갔당께.

철수 엄마　　(의아하게) 차편이야? 이 난리에?! (가자미눈을 뜨고) 근디… 니는 영희네 사정을 어째 글하고 잘 아까?

철수　　(영희를 보며 턱을 괸 채 싱글싱글) 그냥 다 알제.

철수 엄마　　그랴, 우리 아들 장하다 장해!! 영희야! 철수랑 또 사라지지만 마라잉!!

영희　　네에.

철수　　(휙 고개를 돌려 엄마를 보며) 영희한테 왜 근당가?

철수 엄마　　허이고, 눈꼴 시라서… 아들 하나 있는 거시… 아야! 니 장가 가믄 죽이라도 얻어먹긋냐?! 언능 처드셔.

영희　　짱깨! 짜장…면.

철수　　짱깨, 짱깨 하지 말라 했제! 우이씨.

영희　　맛있어! 헤에….

철수　　나는 질려야.

영희　　(후룩후룩) 짜장면 진짜 맛있다!

철수　　많이 묵소.

짜장면을 야무지게 비벼 맛있게 먹는 영희가 마냥 예쁜 철수.

시간 경과. 영희가 불러주는 단어를 받아쓰는 철수.

영희   너, 나, 우리, 우리나라… (교과서에 얼굴을 묻고) 큭… 크크….

철수   너, 나, 우리, 우리나라…?! (볼이 발그레해지며) 그만해야… 그만하랑께!

철수가 갑자기 영희의 노트에 무어라 꾹꾹 눌러 쓴다.

철수   근디… '언제 간대?'

영희 엄마   (들어서며) 영희야! (영희가 엄마 품에 안기고) 종일 폐만 끼쳤네요.

철수 엄마   차편은 구했소?

영희 엄마   네? 아, 버스고 기차고 다 끊어졌어요… 삼촌 소식은 좀 있어요?

철수 엄마   읎어라. 일이 손에 안 잽히요… 영희 아빠보고 쪼매 알아봐달라 하믄 안 될까잉?

영희 엄마   네?

철수 엄마   아녀… 아녀 내비두쑈. (영희를 쓰다듬으며) 영희는 긴 머리가 이쁜가, 짧은 머리가 이쁜가? 아니제, 다 이쁘고 다 어울리제. 갑장 친구가 실력이 좋은 거여, 영희가 원래 이쁜 거여!

영희를 보며 싱그레 웃고 있는 철수. 어색하게 웃는 영희 엄마.

평상에 앉아 가족들을 기다리는 철수와 철수 엄마.

철수	왜 영희한테서 엄마 냄새가 나까….
철수 엄마	….
철수	그 냄새 맡으믄 그냥 좋아라.
철수 엄마	우리 철수, 영희가 좋냐?
철수	나는 엄마 냄새가 좋은디… 영희한테서 엄마 냄새가 난께…. 헤헤.
철수 엄마	너무 좋아하지 마야. 글믄 난중에 힘들어야.
철수	뭐시?
철수 엄마	엄마가 아빠를 철수맨코름 좋아하쟈네! 근디 가슴이 겁나 아프당께. …지금은 철수가 옆에 있은께 쬐깨 갠찮고만….
철수	나도 울 엄마가 좋당께. 근디 엄니, 아침에 아부지 전화 맞제?
철수 엄마	…엄마는 기다리는 거시 이골이 나써야. 근디도… 기달리는 거슨 항시 무섭당께….
철수	어째서?
철수 엄마	엄마가 철수만 할 때… 여덟 살 되아쓰까, 이모는 젖먹이였제. 외갓집이 하도 가난해가꼬 엄마 밑에 남동생이 하늘나라로 먼저 가써야.
철수	하늘나라?!

철수 엄마	…그 밑에 막내가 니 이모여야. 그때는 외할무니, 외할 아부지가 갯벌로 낙지를 잡으러 갔었제. 고놈을 장에 다 팔아서 겨우 먹고살았은께… 철수 니 세발낙지 알 제?
철수	알제!
철수 엄마	그날도 할아부지 할무니는 일 댕기고 읎는디, 이모가 을매나 울어싸든지… 엄마도 어린께 무서워써야… 긍 께, 니 이모가 그때 목이 트여가꼬 노랠 잘한갑다….

(몽타주) 갯벌이 보이는 언덕. 갓난아이를 포대기에 업고 있는 어린 철수 엄마(8세)가 언덕 끝에 서 있다. 차가운 파도 소리.

철수 엄마	이 엄니가 자장가를 불러줬는디… 이모가 요상코롬 잠 이 드는 것이여….

잠시 말을 잊은 엄마. 가만히 엄마를 바라보는 철수.

철수 엄마	난중에 본께 이모가 겁나 아파써야…. 할무니가 약이 라고 사 왔는디, 그거시 독헌 줄도 몰르고… 고걸 묵고 이모 머리가 홀랑 다 빠져부렀당께.
철수	(몸을 곧추세우며) 엄니….
철수 엄마	(철수 얼굴을 어루만지며) 긍께… 인자 이모 놀리지 말어 잉! 미워하덜 말고… 니 이모 맘이 어쩌겠냐?
철수	언제 미워해간디?!

철수 엄마	글제! 글해야제.
철수	나도 이모 많이 좋아한당께! 이모도 나가 지켜줄 것인께!
철수 엄마	(입가로 웃음이 삐져나오며) 오매 내 새끼!
철수	엄니, 자장가 좀 불러주소. 나도 자장가 좀 듣고 싶네.
철수 엄마	노래는 이모가 휠배 더 잘 부른디… 글믄 함 불러보까? …엄마가 섬 그늘에 굴 따러가면~ 아기가 혼자 남아 집을 보다가~ 바다가 불러주는 자장 노래에~ 팔 베고 스르르르….
철수	엄마!

다가오는 자전거 불빛. 기진한 모습의 할아버지와 할머니, 아모레 이모 가 보인다.

철수 엄마	뭔 소식 있당가?
철수	아모레 이모, 삼춘은?
아모레 이모	…흐으… 엉… 성님, 철수 삼춘 말고도 없어진 사람이 한둘이 아니어라.
철수 엄마	어찌까잉….

#Cut to. 홀. 아모레 이모를 위로하는 엄마.

할머니	(엽차 잔을 내려놓으며) 내일 인사 갈라믄, 건너가 쉬라 야. (주전자째로) 꿀꺽꿀꺽….

아모레 이모	죽었는지 살았는지도 몰르는디… 지 혼자 어뜨케 가겠어요….
할아버지	거 씨알데기없는 소리 하디 말고 내일 다녀오라우!
철수 엄마	글해 동서… 삼춘은 우리가 찾아볼 텐께….
통장	(가게로 들어서며) 어뜨케 돼쏘? 소식은 쫌 있다요?

고개를 가로저으며 주머니에서 꺼낸 '호소문'을 내미는 할아버지.

#046   화평반점 홀 : 밤 : 등화관제

통장	"친애하는 애국 시민 여러분! 이거시 뭔 말이답니까? 뭔 날벼락이란 말입니까? 죄도 없는 학생들을 (둘러보고) 총…칼…로 찔…러 쥑이고 (부르르) 몽둥이로 뚜들겨 패서 트럭으로 실코 가고, 부녀자들은 (잠시 말을 잇지 못하고) 빨가벗겨 (둘러보고) 총칼로 찌르는 넘들이 도대체 누구란 말…입…니…까?" 휴…. (술잔을 드는 손이 바르르 떨린다)

통장이 몰려온 동네 사람들 앞에서 '시민봉기 호소문'을 읽고 있다.

정육점 사장	워매… 이거시 뭔 소리다요?
통장	(술 한 잔 비우고) 이것들이 북한 공산당이랑 다를 게

뭐가 있었어!

레코드 사장 워매, 그거시 진짜여?

할아버지 시내가 온통 피바다구만….

철수 할아부지. 뭔 말이래?

할아버지 (한숨)

계속해서 호소문을 낭독하는 통장.

통장 "시민 여러분! 더는 참을 수가 없습니다아. 참아서도 안 됩니다아. 우리 모두가 하나로 단결해서 유신 잔당과 전두환 일파를 이 땅에서 영원히 추방할 때까지 싸웁시다아. (크게 동요하는 사람들) 최후의 일각까지 단결하여 싸웁시다아. (상기되어) 총집결합시다아."

#047 화평반점 안채 대청 ː 밤 ː 등화관제

[철수의 그림일기] 1980년 5월 20일 화요일, 비 조금
아모레 이모는 가족이 읎어야. 애기 쩍부터 혼자였당께. 아모레 이모랑 결혼해야 하는디. 혼자 사는 아모레 이모, 가족 해줘야 하는 울 삼춘이 깜깜 무소식이어야. 삼춘 어딨능가….

(ins.) 배달 자전거 앞자리에 아모레 이모를 태우고 거리를 누비는 삼촌

의 모습.

철수	엄마 배 속에 동생이 남자여?
철수 엄마	(흰 천 기저귀를 개키며) 철수는 남동생이믄 좋겄냐? 여동생이믄?
철수	여동생은 안 된당께. 꼭 남동생여야 한당께.
철수 엄마	엄마는… 남동생이든 여동생이든 언능 보고 싶당께.

#048   화평반점 홀 : 오전

부처님 오신 날 특별방송이 나온다. 평화롭기만 한 선승의 독경 소리가
들리고, 철수와 이모가 전화기 앞에 턱을 괴고 있다.

철수 엄마	가시내 니, 여기 전화번호 가리켜줘째?
이모	아이고, 쩌… 대그빡에 써놓은 건 전화번호가 아니고 뭐당가! 대한민국 사람이믄 다 아는 번호를.
철수 엄마	글믄, 아침 댓바람부터 뭐 한디 전화기 앞에 코 박고 있냐?
이모	나도 모르겄당께, 뭔 변덕인지… 이 난리에 며칠째 코빼기도 안 보이고….

보따리를 들고 나오는 할아버지. 한복을 차려입은 아모레 이모가 뒤따

라 나온다.

아모레 이모 (보자기 상자를 보여주며) 친척 어른 양복도 준비했어라.

할머니 잘했습네.

아모레 이모 옛날 집 근처에 돌아가신 엄니가 다니던 절이 있는디, 불공도 쫌 드릴라고요….

할머니 좋디… 둘째 고놈아는 에미 속 문드러지는 꼴은 못 봅네! 곰방 돌아올 끼니….

아모레 이모 언능 갔다 오께요, 엄니… 요… (카네이션이) 다 뭉그러졌어라.

할머니 괜찮합네. 우리 둘째 며누리, 조심해 다녀오라요!

철수 엄마 혼자 찾을 수 있겠어?

아모레 이모 철 들고 첨이긴 한디… 기억은 쪼깨 있어라… 절만 찾으믄 금방 찾어요.

통장 빵! 빵! (삼륜차 앞에서)

할아버지 자 자… 서두르라우!

아모레 이모 언능 갔다 오께요.

#049   **화평반점 홀 : 오전**

따르릉따르릉… 먼저 수화기를 잡는 이모. 뒤늦게 잡아채려는 엄마.

철수 엄마	아, 놔야! 가게 전화랑께! 철수 니도 쩌 가야!
철수	아빠믄 바까주소!
이모	나가 먼저 잡았어야! 아침 댓바람부터 짜장면 시킬 사람이 어디간디?
철수 엄마	그 손 치워라이! 이거슨 영업 방해여!!
이모	아따, 오늘 쉰다매?
철수 엄마	안 놓냐!! (수화기를 뺏는다) (바짝 귀를 기울이는 이모) 감사합니다아. 신속배달 화평… 엄니?? 야아, 아직 못 찾았어라… 뭔 일 있을라디요. 괜찮치라? 아부지는…?
이모	울 엄니여? 언니야 바까줘바야! 학원비가 안 왔당께!
철수 엄마	(뚜… 뚜… 뚜…) 엄니… 엄니! 엄니….
이모	뭐여??

다시 다이얼을 돌려보는 이모. 뚜… 뚜… 뚜… 시외전화가 두절 상태다.

이모	왜 이러제, 신호가 안 간디?
철수 엄마	아따, 안 되긴 뭐시 안 돼야. 니, 전화기까지 고장 내먹었냐? 느자구 읎는 것이, 뭔 날라리 화상은 기다린다고 아침부텀 정신 사납게 하냐!
이모	전화 안 되는 거시 으째 내 탓이대? 글고 날라리 날라리 하지 마랑께!
철수 엄마	저거시 진짜…! (순간 진통이 온다) 헉, 아아… 아이고… 아이고 엄니… 아고 죽겄네… 아고 아고 배 땡긴 그… 아고 배야!

만삭의 배를 부여잡는 철수 엄마. 낯빛이 파랗게 질린 채 식은땀을 쏟아
낸다.

이모   언니야! 워매 언니야!!

한복에 중절모를 쓰고 집을 나서던 할아버지와 카네이션을 단 할머니
가 놀라 다가온다.

할머니   뭐이까?
이모   제가요… 쬐매 큰 소리 좀 쳐뜨만…. (안절부절)

#050   화평반점 안채 대청 : 정오

철수 엄마   엄마야! 아이고야 흐음… 흠….
철수   (겁에 질려) 엄마 왜 근가?
이모   (당황하며) 동생 놀라고 그른갑다….
철수   근디 쩌라고 아퍼야 된당가?
할아버지   아가, 힘내라요…!
철수 엄마   힘은 뭔 노무 힘이다요? 시방 디져불겄는디… 오매…
            오매오매. 아이고… 흠… 흐음… 흐음 흐음….
할머니   영감, 첫째한티 알려야 하지 않갔소?
할아버지   내래 알아서 할 끼야. 어서 드가보라.

엄마의 진통과 신음에 울먹이는 철수. 할머니와 이모가 산파의 분주한 손을 거든다.

#051 화평반점 안채 대청 : 정오

(V. O)

"동해물과 백두산이 마르고 닳도록 하느님이 보우하사 우리나라 만세…."

"나는 자랑스러운 태극기 앞에 조국과 민족의 무궁한 영광을 위하여…."

마당, 난데없이 울리는 〈애국가〉와 〈국기에 대한 맹세〉에 태극기를 향해 경례하는 철수와 할아버지. 세숫대야를 들고 나오는 이모.

이모	동생 나올란 거슬 어뜨케 알아쓰까?! 이 타이밍에 애국가가 다 나오고….
철수	울 엄니… 겁나 아파 보인디….
이모	(물을 퍼 담으며) 아프제. 아퍼야 동생이 쑤욱 나오는 거시여. 니도 그라고 나와써야, 아냐 짜슥아?

울먹울먹하다 이내 닭똥 같은 눈물을 떨구는 철수.

| 이모 | (세숫대야를 들고 다가오며) 동생 보고 잡아 그냐, 엄마 때메 그냐? |

탕! 두두두… 탕! 두두두… 갑자기 울려대는 총성.

이모	(세숫대야를 떨어뜨린다) 엄마야! 이게 뭔 소리여?! 전쟁 났다냐!
할아버지	뭐이네?
철수	엄마….
할머니	(안방 문을 벌컥 열고 나오며) 배깥에 뭐이까? (근심하며) 이래 난리 통에 보냈으니….
철수 엄마(V. O)	어… 엄니! 아… 악…!!
할아버지	거 날래 가보라! 첫째야 힘…. (쾅! 가까이 다가가면 방문이 코앞에서 닫힌다)

#052   화평반점 대청 : 오후

재떨이에 수북이 쌓인 담배꽁초. 뻐끔담배를 피우고 있는 할아버지. 으앙… 으… 앙…!! 우렁찬 아기의 울음소리가 집 안이 쩌렁쩌렁하게 울린다. 끝나지 않은 산통. 다시 한번 커다란 울음소리가 터지고서야 안방문이 열린다.

이모	고추여, 고추!!
할아버지	사난아이까…!
이모	근디… (긴장하는 할아버지) 고추가 두 개랑께요!

할아버지	둘…? 당추가 둘? 쌍둥이까?!
철수	왐마, 남동생! 우리 엄마가 남동생 낳았당께롱!!

(고속촬영) 비상하는 새처럼 두 팔을 활짝 펴고 마당을 가르는 철수. 빙그르르 도는가 싶더니 그대로 문밖으로 향한다. (철수 표정을 따라 이동하는 카메라)

#Cut to. 세상을 다 얻은 듯한 얼굴로 영희미장원을 두드리는 철수.

철수	영희야! 영희야! 울 엄니가 동생 낳았당께. 내 동생! 것도 남동생!!

철수의 마음과는 달리 쉽게 열리지 않는 문.

철수	영희야, 영희야! (순간, 세차게 열리는 문)
영희 엄마	시끄럽게… 얘, 그래서 엄마 아기 낳았어?
철수	예. 헤에, 그것도 쌍둥이랑께요!
영희 엄마	영희한테 전해줄게. 그만 가봐!

말이 끝나기 무섭게 문을 닫으려는 영희 엄마. 문틈 사이로 몸을 끼워 넣으려는 철수.

철수	(간절한 표정) 지가 영희한테 말해주고 싶은디요….

그 순간, 두두두… 탕! 탕! 탕탕…. 총성과 함께 바람이 분다. 갑작스러운 총소리에 놀란 영희 엄마와 철수.

영희 엄마   (거칠게 떠밀며) 나중에 오래두!! (쾅! 문을 닫는다)

(고속촬영) 굳게 닫혀버린 영희미장원. 닫힌 문 앞에 멍하니 서 있는 철수의 머리 위로 먼지바람이 인다. 철수의 표정 클로즈업.

#053   화평반점 앞 : 오후

같은 시각, 할아버지는 기쁜 마음으로 금줄(새끼줄에 숯, 고추)을 걸고 있다. **(Ins.)** 이때, 헬기의 어수선한 바람과 함께 울리는 총성.

할아버지   이거이 또 뭔 난리다니!

돌아오는 통장의 삼륜차가 보인다. 순간, 두, 두, 두… 헬기 바람에 금줄이 날아간다.

통장   성님!! 성님!! 성님!!!

두, 두, 두… 선회하여 다시 다가오는 헬기. 통장이 삼륜차 밑으로 몸을 숨긴다. 순식간에 훑고 지나간 총격에 어지러운 골목. 찰나의 정적이 흐른다. 슬로모션.

할아버지   아… 아가….

#054   화평반점 앞 : 오후

할머니(V. O)   아모레야… 아가, 아가… 야가 도대체 왜….

불씨가 남은 담배를 쥔 통장의 손이 피범벅이 되어 떨린다. 사지를 버둥
대며 울먹이는 그의 눈빛이 초점을 잃고 흔들린다. 심하게 망가진 삼륜차
에 핏자국과 총탄 자국이 선명하다. 총상에 머리가 깨어지고 붉은 피가
흐르는 아모레 이모. 그 참담함을 차마 두 눈을 뜨고 볼 수 없는 할머니.

할머니   시상에… 피붙이 하나 없는 거슬… 불쌍해서 어찌하
                   네… 시상천지 이란 뱁이 어딨습네….
철수   할무니…. (할아버지가 눈을 가리고)
통장   (벌벌 떨며) 성님! 계엄군이 사방으로 다 막았당께. 뚫
                   린 길이 없어라. 싹 다 막아부렀당께.

이모(V. O)

"엄마 일 가는 길에 하얀 찔레꽃 찔레꽃 하얀 잎은 맛도 좋지

배고픈 날 가만히 따 먹었다오 엄마 엄마 부르며 따 먹었다오."

(몽타주) 아모레 이모를 염도 못 하고 입관하는 사람들. 정육점 사장, 레코드 사장, 넋을 놓은 통장이 보인다.

이모(V. O)

"밤 깊어 까만데 엄마 혼자서 하얀 발목 바쁘게 내게 오시네

밤마다 보는 꿈은 하얀 엄마 꿈 산등성이 너머로 흔들리는 꿈."

(몽타주) 온기 잃은 아모레 이모. 그녀의 가슴에 자신의 카네이션을 달아주는 할머니.

이모(V. O)

"엄마 엄마 나 죽거든 앞산에 묻지 말고 뒷산에도 묻지 말고 양지 쪽에 묻어주

비 오면 덮어주고 눈 오면 쓸어주 내 친구가 나 찾으면 엄마 엄마 울지 마."

할머니　　　　　아가… 아가….

(몽타주) 서서히 관이 닫히고, 새하얀 천으로 관을 덮는 사람들.

이모(V. O)

"울 밑에 귀뚜라미 우는 달밤에 기럭기럭 기러기 날아갑니다

가도 가도 끝도 없는 넓은 하늘을 엄마 엄마 찾으며 날아갑니다."

향이 피어오르는 끝에 하얀 천에 덮인 관이 보인다. 이연실의 〈찔레꽃〉을 부르고 있는 이모. 촛불 밝힌 사람들의 울음이 하나둘 터져 나오고 이내 한 덩어리의 울분으로 일렁인다.

#056　　　　　　　　**화평반점 앞～홀～앞 : 밤 : 장례식장**

금줄이 날아간 자리에 조등을 거는 할아버지. 근조의 노란 불빛과 촛불로 밝힌 장례식장. 작전 차량을 몰고 온 경찰들과 파출소장의 위세에 사람들이 주춤하며 물러난다. 파출소장이 분향하고 돌아서자 동네 사람들이 앞을 막아선다.

파출소장	지각 있는 우리 시민 여러분! 지금 이란 시국에 집회는 엄연한 불법행위입니다. 해산하씨요! 언능 해산들 하쑈야!
통장	나가 여그 통장인디. 어뜨케 된 나라가 장례식도 막는당가? 누가 죽였는디?
파출소장	이라고 모여 있으믄 집회로 간주한께, 글고, 총 갖고 있는 분들은 지금 시방 여그 길 한복판에 버리고 집으

로 쫌 돌아가주쑈. 관내를 안정화시킬라고 이라고 애쓰는디 우리 애국 시민 여러분들이 쪼까 도와주쑈이잉. 예비군이랑 민방위 대원들은 질서를 회복시키는 데 앞장들 서주시고. 자자… 시간이 늦었은께, 언능언능 해산해주쑈!

통장	아니 그거시 뭔 소리여! 총은 군인이 쐈당께! 우리한테 뭔 총이 있간디?
파출소장	자아, 흥분들 쪼까 가라앉히시고, 언능 해산부터 하쑈!
할아버지	흥분 않게 생겼습네? 총질은 군인이 해댓시다!
통장	귓구녕으로 안 들리는가? 짜바리는 사람도 아니랑께! 화도 안 난가? 씨벌, 전화도 다 끊어부렀당께. 싹 다 막아부러써야. 사방이 막혀부러써… 나가 두 눈구녕으로 똑똑히 봤당께! (격하게 흥분하여)
할아버지	(통장을 붙들며) 백통, 거… 진정하라요.
통장	우리 주민들이 이라고 당하는디 분도 안 터진단 말여? 긍께, 우리 눈구녕, 귓구녕을 싹 다 막아불고, 죄다 씨를 말릴 작전이란 말이제!
파출소장	감정으로다 이라믄 안 되제… 이성들 찾으시랑께!
통장	쫌 놔보쑈, 성님! 개미 새끼 한 마리도 못 빠져나가게 한당께. 좆도 씨벌놈들!

(몽타주) 장례식장을 지키던 통장이 함분하여 격하게 달려들자, 사람들도 참았던 감정을 쏟아내며 한 무리가 되어 달려든다.

(몽타주) 달려드는 동네 사람들에게 총을 겨누는 파출소장과 경찰들. 탕!

위협사격을 한다.

(몽타주) 으악! 물러서다가 더욱 분을 내어 다시금 달려드는 사람들. 경찰을 향해 손에 쥔 촛불을 던진다.

(몽타주) 던져진 촛불이 불씨가 되어 서 있던 작전 차량에 불이 붙고 어느 순간 불타기 시작한다. **(고속촬영)**

(몽타주) 실랑이 끝에 빼앗은 총 한 자루를 손에 쥔 통장. 극도의 흥분 상태로 위협사격을 돌려준다. 탕! 탕! 탕!

통장	우리가 여즉 가만히 있은께 호로좆으로 보이냐? 니미 씨발것들아! 흐으… 엉… (주저앉아 통곡)
동네 사람들	아모레를 살려내라! 아모레를 살려내라! 아모레를 살려내라!
할아버지	(주저앉은 통장을 다독이며) 이거이 뭔… 난리 난장이네…. (총을 들어 불 속에 던져버린다)

#057 화평반점 안방 : 밤

두두두 탕! 드드드득 탕!! 칠흑 같은 밤, 총성만이 으르렁댄다.

[철수의 그림일기] 1980년 5월 21일 수요일, 맑음
바둑아, 아모레 이모가 하늘나라 가써야. 우리 아모레 이모 봤냐? 같은 하늘이믄 만났을 거신디… 오늘 우리 쌍둥이도 태어나써야… 애국가 부

르믄서 태어났은께 '우리, 나라'라고 부를라 하는디… 우리… 나라….

쌍둥이	으앙으앙… 으앙….
철수 엄마	철수야, 뭐가 이라고 시끄럽대? 요강 좀 비우고 와라. …이모는?
철수	날라리 찾으러 갔는디.
철수 엄마	날라리? 지금이야? 워매, 그 가시내는 피붙이가 아니라 웬수구만 웬수….

#058 화평반점 앞 : 새벽

사람들이 밤새 화톳불을 피우며 장례식장을 지키고 있다. 따끈한 모주를 따라주는 할아버지.

통장	성님, 뜨끈한 짬뽕 국물이 생각나구만.
할아버지	재료가 다 바닥났디….
통장	성님! 쩌것들 아요? 우리 동네 쌍판때기가 아닌 거 같은디!

동네 분위기를 살피는 편의대. 정육점 사장, 레코드 사장도 서성이는 냉차 행상과 편의대를 유심히 본다.

할아버지   기거… 총은 아이 됩네!

#059   영희미장원 앞 : 아침

영희미장원 앞, 기웃기웃 서성거리는 철수.

경고 방송(V. O)

"폭도들에게 알린다. 폭도들은 즉각 자수하라. 자수하는 자는 선처를 보장한다.
아직 늦지 않았다. 즉각 자수하여 생명을 보장받아라."

두두두… 헬기 소리가 커지더니 공중을 선회하며 전단지를 살포한다.
질겁하고 달아나는 사람들 사이로 전단지를 주워 드는 철수.

정육점 사장   씨벌, 이거시 뭔 개소리다요? 폭도? 누가 폭도여! 폭도
는 니들이제!!

#060   화평반점 홀 : 오전 : 장례식장

턱을 괴고 아모레 이모 영정을 바라보는 철수. 전단지에 낙서를 하며
'우리'와 '나라'라는 단어를 찾아 동그라미 친다.

아이1	철수야!
철수	안 된당께. 할머니 도와줘야 돼야.
아이2	니, 거시기 하겄다.
철수	거시기는 뭐가 거시기여? 암시랑토 안 해야. 형 되기가 어디 쉽다냐?!
아이1	(옆에 있는 동생을 보며) 나도 형인디!
철수	그른 형하고 다르당께. 나한테는 보통 동생이 아니어야. (속으로 '내 대신 짱개를 이을 동생인디… 큭큭')

마당을 가르는 빨랫줄에 널린 순백의 천 기저귀가 바람에 날린다. 반쯤 넋이 나간 할머니 등에 쌍둥이가 업혀 있다.

#061   화평반점 홀 : 오전

밤을 지새운 피로가 몰려드는 적막한 장례식장. 따르릉! 따르릉! 울리지 않던 전화가 울린다.

할아버지	화… 평… 반점입네다. …누구라? 영희네 말입네?
철수	…! (귀가 쫑긋)
할아버지	영희미장원, 영희 엄마 말합네까? 거 기다려보시라요.
철수	누구여? 영희 아빠여?
할아버지	모르디… 날래 갔다 오라.

철수	(문을 열며) 전화 왔어요!
영희 엄마	전화? 누구한테?
철수	몰라요. 할아부지가 받았는디요.
영희 엄마	(영희에게) 문 닫고 있어.
철수	…서울 가냐?

라디오(V. O)

"광주로 통하는 외곽도로는 이제 완전 봉쇄됐습니다."

영희	왜에?

라디오(V. O)

"다시 한번 알려드립니다.

이 시각 광주로 들어가는 모든 도로는 완전 봉쇄됐습니다."

철수	엄마가 서울 간다 해짜네?
영희	전화, 우리 아빠야?
철수	모르제.
영희	…쌍둥이야?
철수	(귓속말로) 진짜 못생겼당께. 쭈굴쭈굴해가꼬.
영희	….
철수	글해도, 내가 짱깨 안 해도 된께 좋아야.

영희	아빠가 나가지 말랬어. 엄마도 무섭다 그랬고. 총보다 사람들이 더 무섭다고….
철수	아빠… 왔다 갔는갑네? 비 올 때 왔제? 그거시 꿈이 아니었는갑다.

쨍그랑, 쨍… 흥분한 사람들이 주변을 살피던 편의대를 붙잡고, 미장원에 돌을 던진다.

레코드 사장	나와야!! 정환이 니도 안에 숨어 있으믄 언능 나와!
정육점 사장	이 느자구 읎는 새끼, 쌍판 좀 보소. 이 간나구 새끼가 군바리 쫄따구 첩자라드만… 씨벌 호로새끼!
레코드 사장	왜 동네 사람을 하나둘씩 잡아간대? 왜 죄 없는 사람을 함부로 죽이냐고!! 싹 꺼져부랑께. 우리를 개 잡듯 잡는 군바리 새끼하고는 한 동네서 못 살아야!
통장	아따, 이건 아니제. 영희네도 우리 동네 사람인디… 이건 좀 심하쟈네….
정육점 사장	뭔 소리여? 나와야! 군바리 새끼는 나오랑께! 왜 오도 가도 못하게 길을 막냐?

가게 앞의 소란을 보고 달려오는 영희 엄마.

| 영희 엄마 | 왜 이러세요? 우리가 뭘 잘못했어요? (머리채를 잡혀) 아악…!! |

정육점 사장을 밀쳐내고 영희 엄마에게 달려드는 부녀회장.

할머니　　　　와들 이랍네… 영희네가 무신 잘못이 있깐… 고만하기
　　　　　　　　요!

레코드 사장　　둘째가 안 보인 굿도 쩌 군바리 새끼 때문이랑께, 근당
　　　　　　　　께!

등에 쌍둥이를 업은 할머니와 할아버지, 통장이 말려보지만 역부족이
다. 미장원 집기들을 부수고 물품을 박살 내도 동네 사람들의 분이 좀처
럼 사그라지지 않는다. 두두두… 두두… 요란한 군용헬기 소리에 혼비백
산 흩어지는 사람들. 유유히 지나는 군용헬기. 헬기 소리가 멀어지자 사
람들이 하나둘 고개를 내민다.

학생들　　　　비켜요! 비켜욧!!

부상자를 들쳐 메고 긴박하게 지나가는 무리. 뒤이어 하얀 천이 휘날리
며 헌혈 동참을 호소한다.

여대생　　　　여러분! 소중한 한 방울의 피가, 우리 형제자매를 살
　　　　　　　　릴 수 있습니다. 보건소 앞에 적십자 헌혈 차가 와 있
　　　　　　　　으니, 모두 헌혈에 동참해주십시오!

깨진 문 틈으로 보이는 헝클어진 몰골의 영희 엄마와 떨고 있는 영희.
서러운 울음이 새어 나오는 영희미장원. 철수도 몹시 울적하다.

영희 엄마   흑… 흑….

부서진 문을 함석판으로 막는 할아버지. 난장판이 된 미장원에 갇힌 영
희네가 불안해 보인다.

할머니   동네 사람들이 무신 억하심정에 기런 거이 아닐 꺼외
                   다… 이해하라요…. 이 난리가, 이거이 어찌 영희네 잘
                   못입네?!
영희 엄마   군인인 게 무슨 죄인가요? 왜 우리한테 분풀이를 하냐
                   구요?
할아버지   (깨진 유리 사이로) 철수는 집에 디가라우. 날래! (낮은
                   목소리로)

할아버지의 굳은 표정에 발길을 돌리는 철수. 영희에게서 시선을 떼지
못하며 무거운 걸음을 옮긴다.

쌍둥이에게 젖을 물리는 엄마. 대청, 안방을 지나 다락방으로 올라가는
철수.

철수 엄마(V. O)   우리 철수 왜 그냐?

철수   ….

이모(V. O)   이리 와보소.

철수   지금은 혼자 있고 싶당께. (다락방이 열린다)

이모   한철수! 와봐야. (손을 끌어당기며) 아따, 손은 싸나인
                디! (짧은 웃음)

대청마루에 걸터앉은 철수와 이모. 이모가 철수 손을 잡아준다.

이모   우리 철수, 손금을 본께… 애기 때 이별 수가 있구만.

철수   안 된디… 영희 서울 가믄 나 어쩐대….

이모   걱정 마소. 손금에 금방 돌아온다고 돼 있어야.

철수   진짜제? 이모 진짜제??

이모   좋아하는 거슬 쉽게 얻을 수 있다냐. 당장은 서운하고
                밉고 글해도, 쉽게 포기하믄 안 되제!

철수   진짜제? 근디, 이모는 날라리 미워하쟈네?

이모   야가, 아니여! 안 미워한당께. 이모를 믿어봐야! (단호
                하게) 운명이란 거슨, 쉽게 바뀌는 거시 아니어야.

철수 엄마(V. O)   어린 조카한티 참도 좋은 거 가르킨다.

벽에 사상자와 행방불명자를 찾는 명단이 붙는다. (1983년 KBS 이산가족 찾기 같은 광경)

철수	김영민, 오동석… 안 보인디.
할머니	(쌍둥이를 업은) 조기도 봤네? 조기는 뭐라 써 있네?
철수	쩌그는 한문인디?
통장	(다가오며) 성님, 군바리 첩자가 그랬다는디, 그 말이 사실이믄… 좋은 소식 있거쏘.
할아버지	내한테 좋은 소식은 뭐고 나쁜 소식은 뭐이네?! …부모 속을 이래 뒤집는데….
통장	들어보쑈야. 깜짝 놀랄 뉴스랑께 성님. 이야기인즉슨 계엄사랑 협상을 한디… 먼젓번으로 잡혀가븐 사람은 아무 조건 없이 싹 다 풀어준다 안 하요.
할머니	기거이 참말이요? 죽었는가 살았는가만 알아도, 내 원이 없갔시다….
여대생	친애하는 시민 여러분!

바닥에 떨어진 전단지를 주워 읽는 여대생의 울분 섞인 목소리가 이어진다.

여대생	"이제까지는 여러분의 이성과 애국심에 호소하여 질서 회복과 확립을 기대해보았습니다아. 그러나 총기

와 탄약과 폭발물을 탈취한 폭도들의 횡포는 계속해서 가열되고 있으며 이른 상황에서는 국군이 부득불 나서서 소탕하지 않을 수 없습니다아." 흐으….

통장 니미, 미쳐 디지겠네. 말이 되는 소리여?

여대생 저도… 가슴이 벌렁거린디… 마저 들어들 보셔요. "시민 여러분! 이 소요는 고정간첩, 불순분자, 깡패에 의해 조종되고 있습니다아. 지금 즉시 폭도들의 대열에서 벗어나 집과 직장으로 돌아가십쑈오…."

통장 뭔 뻘짓거리 하는 소리여? 우리가 폭도고, 간첩이고, 그래서 소탕한다고?

할아버지 세상이… 어드러케 돌아간단 말이네…. (나지막이)

#066 시민군 장갑차 앞 : 저녁

탈취한 장갑차 앞, 평상이 무대가 됐다. 자유 발언대에 선 쌍둥이를 업은 할머니.

할머니 우리 첫째, 가 월남 보낼 쩍에 내래 얼매나 울었나 모릅네다. 나라가 부르니끼 주둥이 꽉 깨물고 보냈쇠다. 기칸디 나라가…! 기것두 힘도 없고 빽도 없는 우리 아모레는 또 무신 죄로다가?! 기카구 우리 둘째 상두… 빨갱이라고 흠씬 패가 재배가지 않았습네, 세상천지

145

이란 일이 오데 있시까? 이거이 말이나 됩네?

통장 관에서 선전하는 거랑은 아예 다르당께. 본께, 나라가 거짓깔 친 거여, 아니믄 군바리가 거짓깔 친 거여? 여 그 계시는 분들은 어뜨케 생각하요? 누가, 누구한테 거짓깔하고 있소? 서울에서 깡패가 내려와야?! 뭐시 불순 세력이어야! 염병 씨병 해쌌네!

통장이 '경고문'을 갈기갈기 찢어 하늘에 뿌리면 사람들이 다 같이 찢어 발긴다.

여고생들
"거짓말이야 거짓말이야 거짓말이야 거짓말이야 거짓말이야
뚱땡이도 거짓말 대머리도 거짓말 잡새도 거짓말 군바리도 거짓말
거짓말이야 거짓말이야 거짓말이야 거짓말이야 거짓말이야…"

여고생들이 김추자의 〈거짓말이야〉를 개사하여 지금의 시국을 비꼬고 있다.

여대생 여러분, 방금 들어온 뉴스에 의하믄요. 우리 민주시민 들에게 화해의 메시지로 구금, 체포되었던 무고한 시 민들을 무조건으로 석방한다고 합니다.

와아! 와아! 짝짝짝… 환호와 박수.

[철수의 그림일기] 1980년 5월 22일 목요일, 맑고 한때 흐림
뚱땡이도 거짓말, 군바리도 거짓말이믄… 글믄 진짜는 뭐여? 뭐가 전부
거짓말이란 말여.

#068   거리~사거리~화평반점 앞 : 오후

시민군

"나 태어난 이 강산에 군인이 되어 꽃 피고 눈 내리기 어언 삼십 년

무엇을 하였느냐 무엇을 바라느냐 나 죽어 이 흙 속에 묻히면 그만이지

아 다시 못 올 흘러간 내 청춘 푸른 옷에 실려 간 꽃다운 이 내 청춘…."

탈취한 장갑차를 타고 김민기의 〈늙은 군인의 노래〉를 부르며 등장하는
시민군. 총을 메고 태극기를 흔드는 사람들 사이에 삼촌과 날라리가 보
인다. 박수로 열광적 환호를 보내는 동네 사람들.

#Cut to.

철수   삼춘 왔당께! 할무니, 삼춘 왔당께!
할머니   오디래, 오디?

장갑차 위, 상처투성이에 초점을 잃은 눈빛, 예전과는 사뭇 달라진 삼촌이 보인다.

할머니   세… 세상에… 살아 있었누만?! …어, 얼굴이…?! …얼마나 맞은 기야?!

#Cut to. 무거운 다리를 끌며 한 걸음 한 걸음 영정 앞으로 유령처럼 이끌린다. 정적 속에 멈춰 선 삼촌. 눈물을 삼키는 소리가 적막을 깨고 하나둘 번진다. 화면 점차 워두워진다. (F. O)

#069   화평반점 주방 ~ 장례식장 : 오후

채소와 고기를 잔뜩 내려놓는 동네 사람들.

통장   요거슨 돼진디… 돼지는 비계가 있어야 맛이제. 안 긍가? 백정 이거시 꽁꽁 꼼쳐놨던 거 푼 거랑께.
정육점 사장   아따, 나가 백정이믄 사람 잡는 군바리들은 뭐대?
레코드 사장   인간 백정이제!

탕탕탕… 도마질 소리와 반죽 치대는 소리가 경쾌하다. 한껏 실력 발휘로 분주한 할아버지. 통장, 정육점 사장, 레코드 사장이 양파를 까며 부족한 일손을 돕는다. 어느새 짜장 냄새가 진동하고, 몰려든 아이들이 군침을 삼킨다.

시간 경과. 영정 앞에 놓이는 김이 모락모락 나는 짜장면. 삼촌이 운다.

시민군1	(짜장면을 먹으며) 첨엔 쟈가 말도 몬 하는 벙어린 줄 알았당께.
통장	맞어야… 그 살벌한 고문에도 끝까지 버텼다는디… 장하지 장혀!

홀. 뜨끈한 짜장면을 먹으며 왁작거리는 사람들. 날라리도 기름진 짜장 맛에 흠뻑 취해 있다. 면과 짜장을 날라리 그릇에 슬쩍 덜어주는 이모.

날라리	…. (함박웃음)
이모	(귓속말로) 착각하지 말어. 내가 그르케 쉬운 여자는 아니란 말씨.
날라리	….

주방. 입가가 짜장으로 범벅이 되어 게걸스럽게 먹는 아이들에게 자신의 짜장면을 내주는 철수.

철수	내 말 잘 들으믄 꼽빼기로 준당께.
아이2	진짜여?
철수	진짜제. 속고만 살았냐?
통장	그려! 철수가 대장이구만, 대장! 하하… 하하하.

웃음이 번지던 순간, 와장창! 삼촌이 내던진 짜장면 그릇이 깨지고 파편들이 튄다. (C. U)

철수   ….

#070   화평반점 앞 거리 ː 오후

삼촌의 눈이 허공을 휘젓는다. 하얀 두루마기를 걸친 철수의 작은 손에 아모레 이모 영정이 들려 있다.

철수   흐잉… 잉… 인제 어디로 가요?

이모   하늘나라로 가제.

할아버지   (완장을 차고 두건을 쓴) 어찌 울고만 있네?! 이제 가맨 영영 못 보오….

철수   할아부지, 진짜로 우리나라 국군이 총살해부렀서?

할아버지   ….

철수   국군은 공산당이랑 싸우는 거 아니여? 우리가 북한 공산당이여?

할아버지   나쁜 군인들이라 그랬갔지….

철수   (넋 나간 삼촌을 바라보며) 나쁜 군인…?!

#Cut to. 시민군이 아모레 이모의 관을 메고 명정을 들고 있다. 달려와 막

아서며 울부짖는 삼촌. 영정을 든 철수가 멈춰 서 울먹인다. 영희미장원을 바라보는 철수.

#Cut to. 두루마기에 두건을 쓴 통장이 요령을 흔들고 구호로 덮인 만장이 봄바람에 나부낀다. 장례 행렬이 지나가자, 바닥에 무릎을 꿇고 오열하고 있는 삼촌이 보인다. 흰 완장에 두건을 쓴 할아버지, 할머니, 이모가 뒤따른다. 이어지는 긴 장례 행렬. 낮달이 태양을 가리며 어두워진다 (개기일식).

#071   화평반점 홀 텅 빈 장례식장 : 밤

[철수의 그림일기] 1980년 5월 23일 금요일, 맑음
영희가 안 나온당께. 화가 난당께. 기다리라 했는디. 미쳐불겄네. 할부지가 그랬는디, 진짜로 우리나라 국군이 아모레 이모를 쐈다고 했고만. 우리나라 군인 아저씨는 나쁘당께.

(몽타주) 지친 가족들. 쌍둥이를 안은 엄마 옆에서 철수가 일기를 쓰다 잠이 든다. 어두운 밤, 아모레 이모의 영정이 놓여 있고, 삼촌이 소리 없이 술만 삼킨다.

쫘악 쫘악… 구호들을 뜯어내는 통장. 화평반점이 밝아지며 문들이 활짝 열린다.

통장   자자. 기운 내드라고잉. 사람 패고 총 쏘고 지랄 엠병들을 해싸드만, 지은 죄는 알아가꼬 싹 다 도망갔당께. 이제 계엄군도 도망갔은께 훌훌 털고 일어나야제?!

'기념, 1980년 5월 17일 화평반점 신장개업' 사진을 거는 통장. 지친 기색이 역력한 철수네 가족들.

통장   잘 나왔제?! 요… 아모레 나온 사진은 어뜩할란가…?

삼촌   (술에 취한) 걸어야제. 시상 짠한 거시 온 산천을 떠돌고 있을 껀디… 흐흑 흑… 흑…. 내 각시… (사진에 얼굴을 묻으며) 아… 내 각시….

#Cut to. 부우웅… 삼거리에 소독차가 지나가면 그 뒤를 신나게 쫓는 아이들. 관심도 없는 듯 물끄러미 영희네만 바라보는 철수.

통장   웃기는 짜장! 우째 울상인가?!

철수   암것도 아녀라….

통장이 철수의 마음을 안다는 듯, 흑백사진 한 장을 보여준다.

통장	짠! 요 누구여? (피에로를 가리키며) 요로코롬 본께 아빠 솔찬히 닮았는디!

엄마들과 철수와 영희 그리고 피에로와 바둑이가 함께 찍은 사진이다. 철수의 얼굴에 다시금 환한 웃음이 번진다.

철수	(사진을 꼭 쥐고) 통장 어른! 고마워라.

#073   화평반점 홀 ~ 영희미장원 앞 : 오전

뿌연 연기 속, 할머니가 장례를 치르고 난 홀을 정리하고 있다. 영정을 앞에 두고 술잔을 기울이며 훌쩍이는 삼촌. 그가 안쓰러우면서도 마뜩잖은 할아버지.

#Cut to. 숨어서 깨진 창 틈으로 밖을 내다보는 영희.
#Cut to. 동네 사람들이 불에 탄 작전 차량을 치우고, 동네 청소를 한다.
#Cut to. 굳게 닫힌 영희미장원 앞을 기웃거리는 철수. 영희와 눈이 딱 마주친다.

영희	…. (당황하여 숨는다)
철수	(사진을 꺼내) 영희야! 이거 봐야! 사진 나왔당께!!

부웅… 소독차가 되돌아 지나가고 연기가 걷히자, 서 있는 아이 둘.

아이1	철수야 뭐 하냐?
아이2	영희 도망갔어야.
철수	아니여! 아니랑께!
아이1	맞어야! 영희 아부지도 군인이쟈네!
철수	아녀, 아니랑께! 디질래!!!

철수가 아이들과 뒤엉켜 주먹다짐을 한다.

#074   화평반점 안채 대청 : 오전

휴지로 코피를 틀어막은 철수의 얼굴이 눈물과 콧물 자국으로 얼룩덜룩하다. 철수 얼굴의 상처에 빨간약을 발라주며 속상해하는 철수 엄마.

철수	아따, 따가운 그!
철수 엄마	(약을 바르며) 아, 가만히 있어봐야! 후~ 후~ 니는 이 좋은 날 왜 쌈박질이여 쌈박질이!
철수	갸들이 먼저 놀렸당께!
철수 엄마	갸들은 니 말고 영희네 놀렸다는디?
철수	긍께, 영희도 우리 식구쟈네.
철수 엄마	(딱밤을 주며) 이그, 이넘 자슥…!

철수 엄마는 철수를 혼내다 말고 이내 한숨을 내쉰다.

철수 엄마   허이구, (한숨) 그랴. 니 말이 맞제. 우짤 땐 한 지붕 한 가족이라고 했는디… 시국이 이렇다고 인자 와서 이라믄 안 되제. (철수의 헝클어진 머리를 매만지며) 인자 보니 울 아들이 속없는 어른들보담 훨배 낫고만…. (씽긋 웃으며) 우리 아들, 아이스께끼 하나 사주까? (삼촌 방을 바라보는 엄마)

(몽타주) 닫혀 있던 상점들이 하나둘 열리고 담배, 양초, 성냥 등을 파는 좌판 노점상이 등장한다.
(몽타주) 손글씨의 '공고문' 앞으로 모여드는 사람들에게 '투사회보'를 돌리는 학생.

#Cut to. 투사회보를 읽고 있는 삼촌의 옆구리를 찌르는 총구.

아이스께끼   한상두!
삼촌   (겁에 질린 채) …윽….
아이스께끼   이 새끼 봐라… 지금 뭐 하고 있는 거야? 무사히 보내줬으면 오는 게 있어야 할 거 아냐!

비열한 웃음을 짓는 아이스께끼 노점상. 식은땀을 흘리는 삼촌.

아이들   아저씨! 아저씨! 언능 아이스께끼 달랑께요!!

재촉하는 아이들. 빠르게 총을 숨기고 표정을 바꾸어 태연하게 아이스크림을 퍼주는 아이스께끼 노점상. 삼촌은 이 틈에 천천히 뒷걸음질 치다 달아난다.

(몽타주) 영희미장원 앞. 아이스크림을 들고 주뼛대며 기다리는 철수.
(몽타주) 손가락 사이를 타고 녹아내리는 아이스크림을 할짝거린다. 유혹을 참지 못하고 코를 대고 냄새를 맡는가 싶더니 이내 베어 물 듯 커다랗게 벌어지는 입.

아이들   철수야! 니 뭐 하냐?
철수   (얼른 뒤에 감추며) 암껏도 아녀.

영희미장원 앞 빈 우유병에 아이스크림을 꽂아놓고 아이들을 데리고 사라지는 철수. 그런 철수를 숨어서 바라보는 영희. 아이스크림이 서서히 녹아내린다. (ins.)

#075   화평반점 안채 마당 : 오후

마당 평상, 술을 마시다 얼큰하게 취해 소변을 보는 삼촌. 삼촌이 내려놓은 총을 아이들이 호기심 어린 눈으로 만져본다.

아이1   이거시 진짜 총이제?

철수	만지지 마야! 삼춘 것이여.
아이2	진짜 총이여? 어뜨케 쏘는 건디?
삼촌	(돌아보며) 아이잇!! 위험해야!

탕-! 예상치 못한 총소리에 놀란 아이들. 황급히 달려 나오는 할아버지.
총을 보는 순간, 할아버지의 손이 세차게 삼촌의 뺨을 휘갈긴다. 얼어붙
은 철수와 아이들 그리고 삼촌.

할아버지	니 뭐 하는 색끼네! (총을 가리키며) 기게 얼매나 무서운 건지 알기나 하간? (노여움으로 얼굴이 일그러진다) 누구라 디져야 정신 차리갔어?
삼촌	….
할아버지	내 말 못 알아 처먹네!? 와, 이 이 염병할 술만 퍼먹네?!!
철수	할…아부지….

고개를 떨군 채 말이 없는 삼촌. 놀라고 미안한 철수와 아이들.

#076 　　　　　　　　　　　　　**시민군 장갑차 앞 : 오후**

할아버지	총은 거둬야 합네. 이러다 불순분자, 간첩이라 씨부려도 할 말이 없디. 기래도 모르갔네, 우리카 다 디질 수

	있어!!
시민군1	우리도 총이 있어야 계엄군이 무시 못 한당께요! 우리를 지켜주는 목숨 같은 총인디요.
할아버지	길쎄, 알디. 잘 알디. 와 모르갔어, 관리를 해야디. 위험할수록 잘 간수하잔 말이야!
시민군2	아니랑께요, 총을 들어야 계엄군을 막을 수 있제. 또 쳐들어오믄 어뜨케 할 건디요?
할아버지	기거이, 어린아들까지 총을 만지니 위험 안 하갔어?
통장	아 성님, 안 된당께. 앉아서 당하고만 있을 꺼시여? 둘째는 왜 말이 읎냐?
삼촌	….

#077   화평반점 홀 : 늦은 오후

할아버지	(노여움) 기래? 이 아바지래 허시깨비로 알디!
삼촌	난 동의 못 하거써요.
할아버지	못 해? 말 못 알아먹네, 우리 집 안에 총은 안됏! 기케 알라우.
삼촌	차말로 뭔 명령 하요? 아부지 말이믄 무조건 다 따라야 한당가? …글믄 내가 나가야 쓰겠네!
할머니	둘째야! 둘째야! 할아밤. 쟈 좀 잡아봅세요!
할아버지	(역정 내며) 지가 지 발로 나간 기를, 내비두라우!

158

할머니	에라이, 쯧쯧… 쟈가 아모레 잃고 제정신이갔어? 이맨한 것도 고매한디… 내 속이 다 알알하누만! 짜장맨 배울란다고 기렇게 울고불고 해댈 적에 거 눈길 한번을 쥐봤오, 둘째한티는 와 기래 모질게 합네? 배달 일도 힘들 텐데… 잠도 안 자맨서 거 낙지짜장도 맨들지 않았갔오. 허이고… 처맞긴 또 얼매나 처맞고… 옆에서 말리는 내 창시가 젓이 다 댔쇠다. 지금도 가 생각만 하믄 내래 억장이 무너져야!
할아버지	(시선을 피하며) 뭔 일이 있었나, 말이라도 해야 할 거 아니간!

#078 　　　　　　　　　　　　화평반점 사거리 : 저녁

사뭇 진지한 표정의 날라리가 신문 기사를 읽어 내려간다.

날라리	"계엄사령부에서 확인한 바에 의하면, 소요가 악화되어 극심한 난동 현장을 보이고 있는 원인은, 전국에 비상계엄이 선포되자 서울을 이탈한 학원 소요 주동 학생 및 깡패 조직 등의 현실 불만 세력이 대거로 광주에 내려와 사실무근인 유언비어를 날조해 퍼트린 데 기인했다"고 합니다….
통장	옴마, 긍께 그거시 신문 기사여, 소설이여?

총을 멘 사람들이 장갑차로 사거리를 막고, 옥상마다 총기를 지닌 사람들이 서 있다. 장갑차 앞, 간이로 만든 무대 바닥에 붙은 전단지 위에 태극기를 그리며 노는 철수와 아이들. 개사한 〈훌라송〉을 부르며 고무줄놀이를 하고 있는 여자아이들. 아이들의 놀이터가 된 무대.

여자아이들

"물러가라 훌라 훌라 계엄군은 물러가라 훌라 훌라

살인마는 물러가라 훌라 훌라 군바리는 물러가라 훌라 훌라…."

#079   화평반점 앞 거리 ː 밤 ː 이슬비

이슬비가 내려앉는 태극기 무대. 단상에 선 철수의 발언에 포복절도하는 사람들.

통장	긍께 바둑이가 빨갱이구만! 껄껄껄….
동네 사람들	깔깔깔….
철수	맞당께요! 바둑이가 빨갱인께 때린 거 아니거써요? 바둑이가 빨갱인 걸 처음 알았당께요. 근디 더 요상스런 거슨….
통장	또 뭐대? (일순 조용)
철수	동네 아재들이 미장원을 다 뿌셔부렀당께요. 글해도 되는지 모르거써요….

160

레코드 사장	…우리들이 쫌 심하긴 했제….
부녀회장	너무했지라… 나가 영희 엄니한테….
정육점 사장	철수야 말 잘했다! 내가 글 안해도 난중에 수리해줄라고 해서야… 헤헤….
통장	오줌싸개가 철 들어뿌네… 하하하. (계면쩍게)
철수	근디 진짜 하고 싶은 말은 따로 있어라.
통장	뭐다냐? 언능 말해보씨요!
철수	긍께 그것이… 영희가 집에서 나오지 않고 있는디, 왜 못 나오는지 당최 모르거써요. 궁금해 디지게써라. (영희미장원을 향해) 영희야, 나오랑께! 나와서 놀쟎께! 나와야!

아이들
"계엄군은 물러가라 훌라 훌라 영희야 돌아와라 훌라 훌라

안 돌아오믄 철수가 돌아뿐다 훌라 훌라…."

동네 사람들
(아이들에 이어 목청 높여)

"영희야 돌아와라 훌라 훌라 계엄군은 물러가라 훌라 훌라…."

비가 내려도 떠들썩한 자유 발언장. 그 뒤로 영희 엄마가 은밀히 전화를 하고 있다. 가랑비를 맞으며 그런 그녀를 지켜보는 삼촌. 삼촌에게 다가가는 할머니.

[철수의 그림일기] 1980년 5월 24일 토요일, 오후에 비

어른들이 싸우는 거슨 짜장면이 좋아야 짜장밥이 좋아야 하는 거시라고 할아부지가 그랬는디. 짜장이 국수를 만나믄 짜장면이 되고, 밥을 만나믄 짜장밥이 되분 것인디, 기냥 사이 좋게 지내믄 안 된당가….

(몽타주) 주방에서 일하고 있는 할아버지, 옆에서 그림일기를 쓰는 철수.

#080   화평반점 앞 : 오전 : 가랑비

밤새 계속된 비. 가랑비 속에 후루룩 면발을 삼키는 소리가 요란하다. (비와 짜장 열기의 수증기) 시민군과 짜장면을 나누며 허기를 채우는 동네 사람들. 할머니가 짜장을 떠 주고, 삼촌은 말이 없다.

#Cut to. 짜장면 한 그릇을 들고 영희미장원 앞에 서 있는 철수. 안에서 카랑한 여인의 목청이 창을 뚫고 나온다.

영희 엄마(V. O)	험악해! 너무 무식하고 과격해. 다들 점점 미쳐가고 있어.
영희 아빠	며칠만 있으믄 마지막 작전이랑께, 훈련이 아녀!
영희 엄마	어떻게 기다려 그때까지! 영희하고 나, 우린 누가 지켜주고?
영희 아빠	걱정하덜 말어. 손 하나 까딱하믄 나가 다 죽여버릴 것

이여!

#Cut to.

할머니   와 도로 가져왔네?

#081   영희미장원 내부, 안방 : 오전 : 비

똑! 똑! 문을 두드리는 할머니와 짜장면 세 그릇을 쟁반에 받쳐 든 삼촌.

할머니   영희야… 영희 안에 있네? 문 좀 열어보라요.
영희 엄마(V. O)   네?! 네… 잠시만요.

#Cut to.

할머니   …울었시까? 영희 생각해서 빨래 기운 차리라요…. 영
                   희 아빠래 왔오?

몸을 숨긴 채 엿듣고 있는 영희 아빠.

영희 엄마   영희 아빠요…? (당황한 기색) 아… 아니요….
영희   ….

할머니	괜찮하니 왔으믄 팬히 얘기하라요.
영희 엄마	아… 그게….
할머니	영희네카… 속엣말 함 나눈 적 없디…? 영희 아배랑 우리 철수 아배랑 어릴 적 불알동무인 거는 들었오?
영희 엄마	…처음 알았어요.
할머니	철수 할배 짜장맨을 영희 아배가 제일로 좋아라 했디. 물리기도 했을 낀데… 커서 병정 갈 때까지 험뻑이두 먹었쇠다. 그놈에 가난이 뭐까… 배곯고 징글맞게 어려웠누만… 서울로 도망하듯 상경해 군인 돼가 요기로 발령 났디 안칸. …철수 아배가 기렇게도 좋아라 했시다…. 동네 사람들이 뭬래 쑤근덕캐도 우리는 안 믿음습네! 동무끼리도 생각이 다르고 가는 길도 다른데 기랄 수 있디….

월남 참전 무공훈장에 멈춘 삼촌의 시선. 숨어 있는 영희 아빠가 유리 액자에 비친다. 삼촌의 눈에 시뻘건 핏발이 선다.

(몽타주) 물속에 처박혀 있는 삼촌의 얼굴(C. U). 부릅뜬 눈과 얼굴의 모든 구멍이 죽음을 소리 지른다. 보안대 요원(아이스께끼 노점상)이 의식을 잃기 직전 삼촌의 머리채를 잡아 일으키면, 드러나는 음습한 지하 고문실. 화면 밖으로 전해지는 역한 피비린내. 고문으로 찢긴 삼촌의 알몸.

| 아이스께끼 | 야! 한상두! 다른 놈들은 다 불었어! 집에 돌아가 따순 밥 먹고 잘 자고 있다고. 너도 집에 가야지! 응? 니 형, |

한상원이 어딨어? 불어! 불라고!!

삼촌   (눈꺼풀이 요동치며) …모르고만요… 차, 차말로 몰른당께요….

순간, 퍽! 둔탁한 각목으로 삼촌의 머리를 내리치는 보안대 요원. 삼촌의 고개가 거칠게 젖혀졌다가 쓰러지고, 물로 흥건한 바닥에 핏물이 뒤섞인다. 그런 삼촌의 입속에 총구를 쑤셔 넣는 보안대 요원.

삼촌   (영희 아빠에게 도움을 청하는 애절한 눈빛) …저, 정환이… 형….

어둠 속에 앉아 이 현장을 지휘하던 영희 아빠가 모습을 드러내며 다가온다.

영희 아빠   상두야, 서로 억울한 일 만들지 말고, 피차 아는 사이에 좋게 좋게 가자잉. 나는 친구를 돕고 자픈 거고 니는 형을 살리는 건게… 상두 니는, 가족을 사지로 모는 그른 넘은 아니쟈네! 그른 동생이 아니제, 안 그냐? (가까이 다가가) 상두야! 화평반점을 생각해야!

삼촌   (간절함이 무너져 내리며) 흐… 흐으으….

(다시 현재)

할머니   사방이 맥혀가 먹을 게 뭐래 있갔오…? 돈 있어도 물건

이 읎습네… (한숨) 이래 나누고 살기요. 따순 때 요기
하라요…. (돌아보며) 둘째야!

삼촌 　　　 …잉? …잉….

#082 　　　 화평반점～영희미장원 ┊ 오전 ┊ 비 온 후

이모 　　　 연분홍 치마가 봄바람에 휘날리더라 오늘도 옷고름
　　　　　 씹어가며….

이모가 통기타를 치며 백설희의 〈봄날은 간다〉를 부른다. 이모의 노래
에 취한 날라리. 뒤돌아 영희미장원을 바라보는 삼촌.

할머니 　　　 상두야… 니 뭔 일 있었디? 에미한테 말해보라요….
삼촌 　　　 아니랑께요….

#Cut to.

영희 아빠 　　　 (짜장면을 정신없이 입 안으로 밀어 넣으며) 아니랑께!
영희 엄마 　　　 (영희 짜장면을 뺏으며) 영희야, 잠깐 나가 있어.

주저주저 눈치를 보며 밖으로 나가는 영희.

영희 엄마	그럼 왜 숨는 건데?
영희 아빠	컥! 컥컥! (짜장면에 목이 멘다)

#083　　　　　　영희미장원 옆 골목 : 오전 : 비 온 후

처마 끝 물방울이 떨어지면 파상이 일고 사라진다. 기운 없이 움츠리고 앉은 영희가 고인 물 위로 비친다.

철수	(다가오며) 영희야….
영희	저리 가. 엄마가 너랑 놀지 말라고 그랬어.
철수	나가 미안해야….
영희	뭐가? (휙 쳐다보고 외면) 저리 가라고….
철수	그게 긍께… 영희 니… 참말로 서울 간대?
영희	….
철수	우리 이모가 그랬어야… 니가 서울 가도 우리 다시 만날 수 있다 했어야… 이거… 주고 싶은디….

흑백사진 한 장을 건네는 철수.

철수	이거 가꼬 가믄, 우리 꼭 만날 수 있당께.
영희	(사진을 본다) 이거면 다시 만난다고…?!
철수	(끄덕이며) 기다리믄 만날 수 있다 했어야, 믿어봐야.

어이없다는 표정, 벌떡 일어나 발끈하고 사진을 찢어버리는 영희.

철수   여… 영희야….

영희   너는 평생 짱깨나 하라고!

철수, 찢어진 사진을 주워 말없이 건네주고 빠르게 멀어진다. 손에 쥐어진 사진을 바라보는 영희.

#084   화평반점 주방 : 오전

배터리를 칭칭 감은 라디오. '최규하 대통령 광주 상무대 방문 및 특별 담화 발표'가 방송된다.

최규하(V. O)

"친애하는 시민 여러분!

내가 우리나라의 대통령 최규하올시다. 이렇게 시내 근교에서 라디오를
통해 여러분에게 말씀드리지 않으면 안 되게 된 현 사태에 대해 통탄을 금치
못하겠습니다…."

할아버지   저런 거이… 대통령! 누가 이 나라 대통령이네? 하아…
                    쯧쯧쯧. (혀를 찬다)

어깨가 축 늘어져 들어오는 철수. 얼마간의 시간이 지나고 갑자기 터지는 울음.

철수   …흐으 흐… 어엉 엉엉….

#085   화평반점 안채 안방 : 밤

쌍둥이에게 젖을 물린 엄마. 배를 깔고 누운 철수.
[철수의 그림일기] 1980년 5월 25일 일요일, 비
영희가 지 아빠는 좋은 군인이라 했는디, 글고 분명히 왔는디. 참말로
목소리를 들었는디. 왜 철수를 미워한대? 이모가 미워하믄 안 된다 했
는디….

#086   레코드 가게 벽보 앞 : 오후 : 아침 한때 비

여대생   여러분. 누구나 환영합니다! 무력도발에 맞서서 최소
            한의 방어 태세는 갖추자는 거신께, 우리 민주시민이
            자발적으로다가 지원해주셨으면 합니다. 군대서 총을
            쏴본 분들은 대환영입니다. 우리는 우리가 스스로 지
            켜야 합니다!

여대생이 지원자를 모집하고, 접수처에서 날라리가 명단을 적고 있다. 학생들 몇은 소총을 나눠 주고 있다.

할아버지	꼭 이래야 하네?
정육점 사장	(총을 만지작대며) 쳐들어온다는디 가만히 이쓰요? 느 자구 읆는 새끼들을 확 그냥…!
통장	이러다 싹 다 다치고 뒤지믄 어뜨케 할라고 그냐?
정육점 사장	왐마, 이씨… 재수 없게….
통장	그놈덜 이참에 완전 거시기 해가꼬 쳐들어올 것인디.
레코드 사장	(총을 이리저리 살피며) 아따, 성님! 성님은 그라고 걱정이 되불믄, 요 동네나 잘 지키고 이쓰쑈. 글 안 해도 쩌짝에 있는 노친네들 다 열외! 열외, 열외!
정육점 사장	열외! 판돌이가 대장이랑께. 껄껄….
지원자들	하하하….

학생들과 지원자들의 패기 있는 모습과 행동. 할아버지와 통장은 불안함과 안쓰러움에 어쩔 줄 몰라 한다.

지원자들
"이 겨레 살리는 통일 이 나라 살리는 통일 통일이여 어서 오라 통일이여 오라…."

정육점 사장	근디, 성님… 상원이가 거그 있는 거 같던디.
할아버지	뭐, 뭐라? 고거이 뭔 소리네? (낯빛이 어두워지며)
레코드 사장	상원이가라 쩌짝에 있는 대학생들이랑 시민들 다 이

끈다 안 합디요. 나는 상원이가 그라고 똑똑한지는 몰
랐당께요.

정육점 사장 왐마, 우리 성님이 그래짜네. (할아버지의 말투로) 우리
상원이는 서울서 대학 나왔슴매.

레코드 사장 맞제! 서울대학 나왔제. 하하….

레코드 사장의 말에 얼굴이 굳어버리는 할아버지. 정신이 아찔해 휘청
이는 순간, 접수처로 하나둘 모여드는 지원자들 사이에 삼촌이 보인다.

할아버지 저… 저저… 간나새끼!

술에 취해 비틀대면서도 지원 명부에 이름을 적고 총을 건네받으려는
삼촌. 할아버지가 달려가 거칠게 삼촌을 밀어낸다.

할아버지 니 지금 뭐 하는 거네? 날래 드가라우! 얼빠진 정신 상
태로 뭘 하갔다고… 술 냄새만 잔뜩 풍기믄서….

삼촌 술 냄시요? (비틀거리며) 킁킁, 아이 글믄 아부지는 이
거시 뭔 냄시다요?

할아버지 냄새? 흠흠… 흠….

삼촌 아조 짱깨 냄새가 진동을 하는구마잉.

삼촌의 말에 당황한 할아버지가 눈을 부라리지만, 삼촌은 아랑곳하지
않는다.

삼촌	아 그랑께, 온몸에 짜장 찐이 박혀부렀는디 못 맡는 거시 당연하제!
할아버지	말 다했네! (노여움)
삼촌	아부지… 아따 형은 째깐할 때서부터 배운 물이 있어 가꼬 갠찮고, 나는 요 대가리가 나빠서 멍청하게 살았은께 이라믄 안 되는 거지라잉?! 형은 결혼도 하고 아도 막 낳았은께 갠찮한디… 나는 결혼도 몬 하고 마누라 될 년은 뒤져분께 이라믄 안 되는 거쟈네!!
할아버지	….

삼촌의 절규에 말을 잃은 할아버지.

| 삼촌 | 나가 아부지 아들 맞지라?! 나가 아부지가 그라고 씨부리던 싸나이 맞지라? 그란께 나가 요로코롬 숨 죽이고 있으믄 먼저 간 (눈물을 흘리며) 내 각시… 얼굴을 볼 수가 읎어라…. (본인의 가슴을 부여잡고) 이 속 좁은 넘이 속 터져 뒤져분당께!! |

말없이 고개를 떨군 할아버지. 몸을 돌려 총을 받으려는 삼촌의 팔을 붙잡아 세운다.

할아버지	(눈물을 삼키고) 가지 마라우….
삼촌	…아부지… 늦었어라. 차말로 늦었당께요.

할아버지의 손을 뿌리치고 총을 받아 시민군 차량에 올라타는 삼촌. 힘없이 서 있던 할아버지가 흔들린다. 충혈된 눈가에 희푸른 눈물이 맺힌다. (C. U)

#087   화평반점 안방～다락방 : 밤

캄캄한 다락방에서 혼자 훌쩍이는 철수.

이모(V. O)	젖은 잘 빤가?
철수 엄마(V. O)	한쪽만 빤께 아파 죽거써야. 어째서 이짝은 안 빨고, 저짝만 빨끄나?!
이모(V. O)	대단하네 우리 언니. 어뜨케 쌍둥이를 키울라고… 하기사 나도 애기 때부텀 업고 키웠는디.
철수 엄마(V. O)	태어나믄 지 숟가락은 지가 챙긴다드라, 다 지 팔자여.
이모	근디 언니야 니 들었나?
철수 엄마	뭐슬?
이모	오늘 밤에 계엄군 쳐들어온단디!
철수 엄마	계엄군…?! 누가 글디?
이모	날라리도 총 들고 이짜네.
철수 엄마	니 날라리 좋아하냐?
이모	하이고… 지금 계엄군 얘기한디… 모르거써… 미워 죽거써.

철수 엄마	말려야제. 아적 구만리 같은 청춘인디.
철수	(다락방 문이 열리며) 이모!!
이모	엄마야, 놀래라! 짜는 다락방에 뭐 때메 맨날 올라간대?
철수	이모가 미워하믄 안 된다 해짜네? 근디 왜 미워한당가?

#088   화평반점 이모 방 : 밤

(V. O)

"바람이 불고 비가 올 때도 나는 저 유리창 밖 가로등 그늘의 밤을 잊지 못하지…"

카세트 플레이어에서 박인희의 〈세월이 가면〉이 흘러나오고, 이모의 눈시울이 붉어진다.

#Cut to. 창밖에서 총을 든 날라리가 눈물을 훔치고 있다.

날라리	….

전조등을 깜빡이며 다가오는 시민군 차량. 골목길 앞에 멈춰 서며 경적을 울린다. 빵! 빵!

시민군	선배! 인제 가야제!!

날라리를 신고 출발하는 시민군 차량. 밖으로 뛰쳐나온 이모가 달리는 차량의 뒤를 따라 달린다. 이내 멈춰 선 그녀의 어깨가 내려앉고 어둠 속으로 작아져가는 차량의 불빛만 희미하게 남는다. 화면을 가득 메우고 울리던 박인희의 〈세월이 가면〉이 목석처럼 얼어붙은 이모와 함께 멈춘다.

(V. O)
"사랑은 가도 옛날은 남는 것 여름날의 호숫가 가을의 공원
그 벤치 위에 나뭇잎은 떨어지고 나뭇잎은 흙이 되고 나뭇잎에 덮여서
우리들 사랑이 사라진다 해도 내 서늘한 가슴에 있네."

#089   어느 거리 : 밤

흔들리며 달리는 시민군 트럭에서 지원자들이 〈우리의 소원〉을 합창한다. 그들 사이에 정육점 사장, 레코드 사장 그리고 무거운 표정의 날라리가 보인다.

#090   화평반점 사거리 : 밤

미동 없이 서 있는 이모 옆으로 발을 동동 구르는 할머니가 보이고, 불

안한 마음에 밖으로 나온 동네 사람들이 웅성거린다. 털털털… 가볍게 돌아오는 시민군 차량. 멈춰 선 차량에서 시민군에 자원했던 까까머리 남고생 몇과 여고생 미자가 내린다.

할머니	우리 둘째 봤시까? 요 화평반점 둘째 아재….
미자	그 아재가 우리들은 어리다고 총 놔뚜고 가라 해써라.
통장	계엄군이 쳐들어온다 소문이 파다한디, 참말인가 모르겠당께.
할머니	하라밤! 들었쉬까? 계엄군이 쳐들어오믄 다 죽인다 안 합네. 새끼들 앞세워 먼저 보내게 생겼시다….
할아버지	….

#091   화평반점 주방 ː 밤

지글, 지글, 지글… 삼촌의 낙지짜장 레시피를 바라보는 할아버지. 수증기와 땀 속에 흐르는 눈물을 감추고 짜장을 볶는다.

할머니	철수 하라밤… 뭔 짜장을 기렇케나 많이….
할아버지	…밤 샐라믄 허기질 꺼 아이네. 내래 할 줄 아는 거이… 이것뿐이디….
할머니	….

묵묵히, 짜장을 볶는 할아버지. 그런 할아버지를 돕는 할머니와 철수 엄마 그리고 철수.

시간 경과. 리어카에 짜장면이 든 철가방을 싣고 있는 할아버지와 통장.

할아버지	기렇디! 쇠주 챙겨야디!
할머니	이 판국에도 술 타령이까?
할아버지	이 망구탱이가….
이모	사돈어른! 요것(소주) 말이지라…?
철수 엄마	야! 아야!
철수	할아부지, 나도 가고 싶은디….
할아버지	(철수에게 다가가 키를 맞추고) 철수, 싸나이 맞디?
철수	싸나이 맞당께요!
할아버지	고럼, 싸나이끼리 약속 하나 하자우. 철수가 오늘 하루 화평반점 사장 하는 기야!
철수	짱깨는 싫은디….
할아버지	알디 알디. 긴데 말이지… 이 집에 오늘은 철수가 유일한 싸나이잖아. 기렇디? (따뜻한 눈빛)
철수	그라믄, 오늘 딱 한 번만이어라!
할아버지	허허허… (웃음) 고럼, 고럼. 이제 곧 삼촌도 오고, 아바지도 올 거니끼니, 싸나이끼리 약속하자우!
통장	성님! 싸게 가잖께!

통장이 길을 재촉한다. 철수의 머리를 쓰다듬고는 일어서는 할아버지.

자전거에 묶인 리어카에 철가방을 가득 싣고 통장과 함께 출발한다. 눈시울을 글썽이는 철수 엄마와 할머니. 철수네 가족은 멀어지는 두 사람을 바라보고 서 있다.

이모 사돈어른! 지도 가겠어라! (배달 자전거를 쫓아 뛰기 시작한다)

철수 엄마 아야! 쟈, 쟈가….

#092   화평반점 홀 : 밤

꽹, 꽹, 꽹! 괘종시계가 밤 12시를 알리는 순간, 정전이 되어 암흑으로 변한다. 순식간에 칠흑 같은 어둠이 내려앉고, 무겁게 깔린 두려움이 사람들의 마음으로 파고든다. 촛불을 준비하는 할머니.

[철수의 그림일기] 1980년 5월 26일 월요일, 아침 한때 비
할아부지가 배달을 갔당께. 이라고 많은 배달은 처음이랑께. 누가 시켰는지 짜장면이 엄청 많았당께. 우리는 근방 빚 다 갚을 거여…. 아부지가 개발하고 삼춘이 완성한 낙지짜장이 요로코롬 잘 팔릴 줄 몰랐당께.

철수 엄마, 그림일기에 배달 간 거 쓸라는디….

철수 엄마 근디?

철수 누구한테 배달 간 거여?

(몽타주) 도착하는 할아버지와 통장을 맞이하는 시민군. 이들 사이로 철수 아빠, 정육점 사장, 레코드 사장, 부녀회장이 보인다. 그리고 어둠으로 숨어드는 삼촌.

(몽타주) 날라리와 재회하는 이모, 달려가 날라리를 꽉 안아주는 그녀, 그녀를 품에 안는 날라리.

(몽타주) 짐을 싸는 영희네. 둘로 찢어진 사진(철수가 건네준)을 손으로 이어 붙여 가만히 바라보는 영희. **(C. U)**

#093   도청 계단&복도 ː 새벽

이모   연분홍 치마가 봄바람에 휘날리더라 오늘도 옷고름
                씹어가며….

백설희의 〈봄날은 간다〉가 밤하늘을 울리고, 낙지짜장을 삼키는 날라리와 시민군의 가슴으로 파고든다. 이모의 목소리가 더없이 구슬프다.

할아버지   (술을 들이켜며) 캬악!
통장   성님, 요 짜장 기똥차분디… 웃기는 짜장이고만.
할아버지   기거이 웃기는 짜장이 아니야! 우리 둘째가 개발한 낙
                지짜장이디!
통장   성님이 오늘 상두 칭찬을 다 해불고… 오늘이 뭔 날은
                날인갑쏘. 하하….

할아버지	고럼, 누구래 새끼간! 내 배에서 나온, 내 새끼 아이갔
	어?! 허, 허허….

어둠 속에 숨어 있던 삼촌이 받아 든 짜장면을 그제야 삼킨다.

댕… 댕… 댕… 교회당 종소리가 이른 새벽을 알린다. 순간, 펑! 섬광탄의
강렬한 빛이 하늘을 밝히고, 동시에 두두두… 두두두… 총탄이 불꽃처럼
쏟아진다. 정적, 정지 (F. O)

#094   어느 거리 ~ 영희미장원 ː 밤

암전. 두두두두두… 두두두두두두… 두두두두두두두두두두두두두…

아나운서 여(V. O)
"시민 여러분 놀라지 마십시오. 시민 여러분 거리로 나오지 마십시오.
시민 여러분 문을 열지 마십시오. 시민은 폭도를 숨기지 마십시오."

섬광 속에서 드러나는 절뚝거리는 걸음과 거친 숨소리. 질질 끄는 총과
피로 얼룩진 다리가 점점 선명해진다.

아나운서 남(V. O)
"폭도들에 알린다. 폭도들에 알린다. 총을 버리고 자수하라. 총을 버리고 자수하라.

아직 늦지 않았다. 즉각 자수하라. 총을 버리고 자수하면 생명은 보장한다."

삼촌   으흐흐흑… 흐흐흑….

아나운서 여(V. O)

"폭도들은 들어라! 총을 버리고 자수하면 생명은 보장한다. 손을 들고 나와라.
투항하라. 손을 들고 나와라. 투항하라. 투항하면 생명을 보장한다. 투항하면 생명을
보장한다. 폭도들은 투항하라. 폭도들은 투항하라!"

영희미장원 문으로 다가오는 검은 실루엣. 순간, 쾅! 문이 열린다. 어둠
속에서 짐을 싸던 영희 엄마와 영희.

영희   아빠? (손전등을 비추고)
삼촌   ….

어지러운 확성기 소리가 이명과 같이 삼촌의 의식을 흔들자 취한듯 고
개 들어 허공을 응시한다.

영희   …엄마… 엄… 마….
영희 엄마   …왜… 왜 이러세요, 삼촌? 우리한테 왜 이러세요?
영희   …엄마… 엄…마. 으… 앙….

#Cut to. 허공에 총부리를 향한 채, 삼촌이 오열에 흔들리는 붉은 몸을 끌
고 영희에게 다가간다.

삼촌	영희야, 나가 참말로 궁금해서 근디… 니는 이 삼춘이… 폭도로 보이냐…?
영희	엄마… 엄… 마… 아앙….
영희 엄마	…사… 삼… 촌… 그 총… 내려놓으세요….

문밖에서 총부리를 겨누며 거리를 좁혀오는 그림자.

삼촌	영희야… 내가 참말로 폭도로 보이냔 말이다?

숨죽여 노리쇠를 당기는 영희 아빠.

영희 엄마	삼촌! 이러지 말아요….
영희	…으앙….
삼촌	나가 폭도믄… 영희 니 아빠는 나쁜 군인이어야….

정수리를 조준하며 다가오는 총구(영희 아빠), 삼촌의 오열이 멎는다. 순간, 삼촌의 총구가 턱 밑을 향하고, 탕-! 방아쇠를 당긴다. 동시에 흰 연기가 새어 나오는 영희 아빠의 총부리.

#095

화평반점 홀 : 새벽

치직… 치직… 치직! 형광등에 불이 들어오고, 정전으로 중단됐던 방송이 켜지며 승전가 〈When Johnny Comes Marching Home〉이 울려 퍼진다. 긴급 속보로 나오는 처참한 풍경….

아나운서 남(V. O)

"긴급 속보를 알려드립니다. 도청을 무력으로 점거한 폭도들에 맞서 04시를 기해 일제히 공격, 05시 30분, 일거에 전면 소탕하고 민주와 평화를 회복하였습니다. 진압 과정에서 군경 사상자가 발생하였으나 폭도들은 전원 일망타진하였습니다. 또한, 민간인 사상자는 단 1명도 발생하지 않았음을 알립니다. 다시 알려드립니다. 민간인 피해는 하나도 없었습니다. 끝까지 저항하던 폭도 생포자는 23명, 사망 134명… 폭도들은…."

TV 화면이 줌인되면, 짜장면 그릇들이 어지럽게 깨져 있고 총탄을 피하지 못한 사상자들이 비친다. 통장, 정육점 사장, 레코드 사장, 부녀회장, 여대생, 대학생들의 주검이 보이고, 숨만 깔딱이는 날라리를 안고 겁에 질려 있는 이모, 눈을 감지 못한 철수 아빠와 할아버지가 보인다. 이때, 철수 아빠의 시신을 확인한 계엄군이 그의 다리를 잡고 긴 핏자국을 남기며 끌고 간다.

철수   (놀라서) 엄니, 테레비에… 아부지 아녀? 할아부지도
            나온디.

철수 엄마   (쌍둥이를 안고 긴급 속보 화면에 얼어붙는다) …엄니….

TV 모니터 속으로 들어갈 듯, 화면 너머의 할아버지를 붙잡으려 하는 할머니. 피를 토하듯 비명을 쏟아낸다.

| 할머니 | 아악… 영감! 와 거기서 나옵네까? …내 새끼… 아… 악…! |

극한의 공포가 온몸을 휘감는다. 울기 시작하는 쌍둥이. 주체할 수 없이 부르르 떨리는 사지, 철수 엄마가 세차게 쌍둥이를 끌어안는다. 울음소리가 커질수록 이를 악물고 힘주어, 더 힘주어 버틴다.

| 철수 | 엄…니… 엄니… 엄…니… (슬로모션, 멀리서 들리는 듯 울리는 소리로) |

돌아오는 의식과 함께 정신을 부여잡는 철수 엄마. 울지 않는 쌍둥이…. 일순, 말을 잃은 철수 엄마가 간장이 끊어질 듯이 처절한 절규를 토해낸다.

| 철수 엄마 | …아… 내 새끼… 아… 아… 아아아… 아아아아아아악…!!! |

#096   화평반점&영희미장원 : 새벽

무거운 정적이 내려앉은 화평반점. 싸늘하게 식어버린 쌍둥이를 끌어안은 엄마가 계속해서 무어라 중얼거린다.

#Cut to. 무공훈장 위로 튄 붉은 피. 두 눈을 감지 못한 삼촌 눈을 감겨주는 영희 아빠. 무공훈장의 피를 닦아 품 안에 넣는다. 놀라 몸서리치는 영희의 눈을 가리고 품에 안는 영희 엄마.

#097   화평반점 홀~거리 ː 새벽

따르릉… 따르릉… 적막을 깨고 울리는 벨 소리.

철수	엄니….
철수 엄마	….

돌처럼 굳어버린 철수 엄마. 눈물을 훔치며 더듬더듬 소리를 쫓는 철수.

철수	여보세요…?
목포 할머니(V. O)	누구여? 철수여?
철수	외할무니….
목포 할머니(V. O)	오매 내 새끼… 갠찮하냐? 테레비에 아부지 아니냐…? 언능 엄마 바까보소.
철수	(터지는 울음) 엄마가요… 쌍둥이를 낳았어라… 할무니… 할무니… 엄니가… 남동생을 둘이나 낳았는디요… 그랬는디… 흐… 억… 으… 아… 아앙….

창틈으로 한 줄기 파란빛이 시리게 파고든다. 멍한 철수가 그 빛을 따라 밖으로 걸어 나오면, 방탄복을 입은 영희 아빠를 따라 길을 나서는 영희네가 보인다.

목포 할머니(V. O) (대롱거리며 매달린 수화기 너머) 철수야… 철수야…!

(뚜… 뚜… 뚜…)

#098   화평반점 앞 거리 ~ 사거리 : 새벽

철수   영희야…! 영희야!

영희   (돌아보며) 으… 엉….

철수   어디 가냐?

영희   엉엉… 엉….

영희 엄마와 아빠가 영희가 뒤돌아보지 않게 다그치며 길을 재촉한다. 벗겨진 신발을 뒤로하고 뛰어가는 철수. 영희가 멀어진다. 어린 마음으론 알 길 없는 무력감과 상실감이 몰려드는 철수. 멈춰 선다.

철수   아이, 영희야! 니 어디 간디?!!

새벽 어스름 속으로 멀어지는 영희.

철수   어디 가냔께?! 영희야…!!

안개 사이로 승전가 〈When Johnny Comes Marching Home〉이 들려온다. 점령군의 무력시위가 가속되고, 크르릉! 크르릉! 지축을 흔드는 탱크가 자유 발언장의 태극기 무대를 짓밟고 지나간다. 그 뒤를 따라 산산이 부서지는 거리.

철수   영희야… 영희야…!!

희미해지는 영희를 거대한 탱크가 삼키고 지나가면, 철수의 울부짖음도 굉음에 덮인다.

(다시 현재)

철수(50대)   그날 떠났어라… 영희가 떠났어라. 전부 떠났어라… 근디… 나는 어려서 암것도 할 수가 읎었어라. 으흐… 으흐흐… 엉….

흑백사진에 눈물이 번진다. 주체할 수 없는 오열이 터지고, 백발이 성성해진 철수 엄마가 그런 철수를 품어 안는다.

#099

몽타주

1980년 9월 1일 전두환 대통령 취임식. 노태우, 김영삼, 김대중, 노무현 대통령의 '5·18 광주민주화운동' 관련 주요 발언이 빠르게 스케치된다.

화평반점 홀(2005년)

꽃무늬도 희미해진 낡고 큰 양은 쟁반, 짜장면 두 그릇이 올려지자 시선도 따라 이동한다. 고생의 흔적이 묻어나는 투박한 여인네의 손이 떨림을 누르고 테이블 위에 짜장면을 내려놓는다. 그사이 조리를 마친 주방의 환기팬 소리가 가라앉는다. 얼마간의 소리가 사라진 공간. 중년 여인의 목멘 소리가 침묵을 깬다.

철수 엄마(50대)　　　잡숴요… 울 아부지 짜장, 좋아해짜네요….

짜장면을 앞에 두고 앉은 중년의 부부. 왜소한 여인의 뒤태가 미세하게 요동치고 어깨를 들썩이던 중년 남자의 뒷모습으로 가느다란 신음 소리가 빠져나온다. 억누른 눈물을 삼켜내지 못한 고통 섞인 외마디가, 이내 쏟아져 비명처럼 울린다.

#Cut to. 주방에서 숨죽이던 30대의 철수가 오열한다.

화평반점 홀(2006년)

뉴스 화면. '실종 365일, 5·18 민간인 학살 양심선언자 민 모 중사—부부 동반 사체 발견'이 흘러나오고, 철수 엄마(50대)와 나라(8세)가 들어서면 주방장 차림의 철수(30대)가 TV를 끄고 돌아서 눈물을 훔친다.

나라	아빠!
철수	아따, 우리 나라! 거 뭐대?! 엄니, 나라는 긴 머리가 이쁜디?!
철수 엄마	아이, 왜 그냐? 짧아도 이뿌기만 한디. 내 눈엔 다 이뿌당께….

#Cut to. 비벼놓은 짜장면. 어린 우리와 함께 한참을 먹지 못하는 30대의 영희.
#Cut to. 테이블을 치우던 철수가 남겨진 메모를 발견한다. '짜장면… 맛있어. 그 맛이야.'
#Cut to. 급히 뛰쳐나오는 철수. 사방을 훑고 소리친다.

철수	영희야! 니 영희 맞제?! 영희야! 영… 희… 야… 흐흐흑흑….

빵! 빵! 빵! 지나가는 차들의 경적 소리. 어린 우리를 품에 안고 숨어서 나오지 않는 영희가 서서히 무너진다.

요양병원
자막) 2023년 봄

어두운 밤, 희미한 불빛의 알츠하이머 병실. 잡지에서 오려낸 사진들이

침대 위에 어지럽게 흩어져 있다. 한쪽 구석에 웅크리고 앉은 여인. 찢어진 흑백사진을 붙이고 있는 민영희(50대)다.

우리	오늘은 누구랑 놀았어요?
영희	(웃기만 하는)
우리	(찢어진 사진 속 철수를 가리키며) 누구예요?
영희	철수….
우리	철수가 누군가요?
영희	(가만히 웃기만 하던 두 눈이 흑백사진 속 어린 철수를 응시한다)

#100   현재 : 화평반점 안채 대청 : 밤

철수   (제향)

할아버지, 할머니, 삼촌, 아모레 이모 그리고 피에로(철수 아빠)가 찍힌 '기념, 1980년 5월 17일 화평반점 신장개업' 사진이 영정 사진이 되어 위패와 함께 모셔져 있다. 제상에 40여 년 전 그날의 그릇에 담긴 낙지 짜장면이 올려진다. 그 위에 젓가락을 올리며 예를 갖추는 철수(50대).

철수 엄마(70대) (영희와 우리를 향해) 인자… 이리들 옷씨요.

눈시울을 적시며 50대의 영희와 그녀의 아들 우리에게 제를 권하는 철수 엄마. 머뭇거리던 우리는 영희와 함께 천천히 절을 하고, 이 모습을 바라보는 중년의 철수가 이를 악물며 눈물을 삼킨다.

#101   현재 : 화평반점 안채 대청 : 밤

제사 마지막, 음복 중인 철수네 가족. 우리에게 술잔을 권하는 나라와 짜장면을 비벼 영희에게 건네주는 철수. 이를 맛있게 먹는 중년의 영희.

영희 짱깨… 맛있어. 진짜 맛있어…. (아이처럼 웃는다)
철수 으… 흐흑… 나가… 짱깨, 짱깨 하지… 말라 해짜네….

아이처럼 짜장면을 먹는 영희를 바라보는 철수. 입가에 묻은 짜장을 닦아주며 어느새 눈물이 그득 고인다.

철수 워매… 영희 맛나게 많이 먹쏘이! 고맙구마잉… 이라
         고 와준께 참말로 고맙당께….
나라 (들어오며) 할무니! 이모할무니 왔어라….

초로의 노부부, 이모(60대)와 이모부(60대)가 들어선다.

이모	언니야! 나 왔네. 조카 니는 언제까지 조상님 제상에 다 짜장면 올릴라냐?
나라	워매, 이모할무니! 뭔 소리 하요? 이거슨, 우리 화평반점 내력인디.
이모	연설하네! 화평반점 안 해분다 울고불고 난리 칠 땐 언제고! 피는 못 속여야. 그냐 안 그냐? 그란디, 우리 나라, 겁나 이뻐져써야. 쩌짝은 남자 친구대? …이잉?! 그라고 본께… 쩌근…. (기차에서의 기억을 더듬는다)
철수	이모, 영희 와쏘야… 영희가 왔당께….
이모	(놀라 다가가며) 영희?! 그 째까난 영희야…? …우리 조카는 영희 니 기다린담서 장가도 안 들었짜네… 나가 죄인이여….
철수	영희가 쬐매 아프요….
이모	(영희를 향해) 영희야… 이모 기억하긋냐…? 여근… 그때 그 날라린디… 알아보겄어?
영희	(그저 해맑게 웃기만 한다)

한쪽 눈을 잃어 짙은 색안경을 쓴 이모부(날라리)는 목소리도 잃었다. 이모에게 수어로 말을 건넨다.

이모부	(수어) 옛날엔 나가 꽃미남이었는디… 인자는 기억도 못 하긋제….
우리	(수어) 우리 엄마, 두 분 기억해요. 병세가 악화되기 전엔 늘 보고 싶다고….
이모	(당황하며) 오매… 수어를 다 할 줄 안다요?
우리	(수어) (가볍게 고개를 숙이며) 안녕하세요. 저는 우리라고 합니다.
철수 엄마	영희가 아들 하나는 야물딱지게 키웠고마잉.
이모	아따, 언니야! 철수도 우리 나라, 겁나 잘 키워논 거 보소!
나라	역시, 이모할무이!! (엄지척) 우리 이모할무니는 으짜면 이라고 나를 잘 안당가?
이모	(흐뭇한 미소) 가족이쟈네….
철수 엄마	그라제… 우리가 다… 한 가족, 한 식구제….

#103   현재 : 화평반점 안채 : 밤 : 비

이모   연분홍 치마가 봄바람에 휘날리더라 오늘도 옷고름
         씹어가며….

이모의 넋두리와 같은 〈봄날은 간다〉가 흐르고, 5월 푸르던 밤하늘에서
빗방울이 떨어진다.

이모	비 오네···. 하늘님이··· 먼처 가분 사람도 요로콤 산 사람도··· 그 맴을 다 아는갑쏘.

처연히 비를 맞고 앉아 있는 초로의 철수 엄마를 꼬옥 안는 나라.

철수 엄마	흐흐··· 흑흑··· 끅··· 끅··· 내도 어찌 안 돼야··· 비라도 내려야 이라고 실컷 울어불제. 글해야 살 꺼 같은께···.
나라	할무니···.
철수 엄마	삼춘이랑 아모레가 먼처는 갔어도, 한 몸은 되었은께··· 우리 같은 산송장보다 훨배 낫고마잉.
나라	(눈물이 그렁그렁해진다)
철수 엄마	우리 나라, 고맙당께···. 이라고 이쁘게 커준 거시 이 할민 참말로 고맙당께···.
나라	할무니··· 나라가 훨배 고맙제. 우리 할무니 손녀로 키워줘놔서 참말로 고맙당께···.
철수 엄마	···우리 나라는 누가 뭐시락 해도 이 할미 손녀여. 우리 아가···.

사그락거리는 저고리 품 안으로 철수 엄마가 나라를 힘껏 안는다.

우리	진짜… 오늘이 마지막 날인가요?
나라	건물도 오래됐고… 그냥 뭐 시간도 많이 흘렀고….
우리	…망설였어요. 너무 늦진 않았을까… 와서 후회는 하지 않을까….
나라	음… (잠시 생각) 늦었다고 생각했지만… 늦지 않았네요. (가볍게 웃음)
우리	(나라를 보며) 엄마에겐 정말 다행이죠….

5월의 붉은 비가 내리기 시작한다. 나라와 우리가 바라보는 곳에 중년의 철수와 영희가 나란히 앉아 있다. 철수의 어깨에 머리를 기대는 영희. 추녀 끝에 떨어지는 빗방울을 손끝으로 느껴보는 철수. 카메라 서서히 다가가면, 영희의 눈가를 닦아주던 철수가 미소 짓고, 봄비처럼 두 눈에 눈물이 차오른다. 바닥에 고인 빗물에 비친 다정한 철수와 영희. 귓가에 풍악 소리가 점점 가까이 들려오다 순간, 빗물에 비친 철수와 영희 위로 빗방울이 떨어지며 파상이 일고, 1980년 5월 17일의 화평반점 지신밟기 농악대의 마당놀이로 오버랩된다.

덩실덩실 춤을 추고 있는 동네 사람들. 그 가운데 할아버지, 할머니, 피에로(아빠), 만삭의 철수 엄마, 삼촌, 아모레 이모, 이모, 날라리, 영희 엄마, 영희 아빠, 통장, 정육점 사장, 레코드 사장, 부녀회장이 보인다. 빙글빙글 돌고 있는 어린 영희를 멈춰 세우는 어린 철수.

철수	영희야!

영희	왜?
철수	내가 크믄 너랑 결혼할 꺼랑께!
영희	뭐라고?
철수	영희 니랑 결혼할 꺼라고!

카메라가 화평반점 간판을 스쳐 부감으로 천천히 빠지며 1980년 그해 5월의 동네가 한눈에 들어온다. 그 중앙에 화평반점이 보이며 크레디트 올라간다.

[THE END]

Chinese Restaurant
和平飯店
62-52-721
242-5711
Chinese Restaurant
和平
신속
배달
화평반점
중화

1980 각본집

ⓒ 강승용 오선영 2024

초판 1쇄 인쇄   2024년 3월 25일
초판 1쇄 발행   2024년 3월 30일

지은이   강승용 오선영
펴낸이   이상훈
문학팀   하상민 최해경 김다인
마케팅   김한성 조재성 박신영 김효진 김애린 오민정

펴낸곳   ㈜한겨레엔 www.hanibook.co.kr
등록   2006년 1월 4일 제313-2006-00003호
주소   서울시 마포구 창전로 70(신수동) 화수목빌딩 5층
전화   02) 6383-1602~3
팩스   02) 6383-1610
대표메일   munhak@hanien.co.kr

ISBN 979-11-7213-018-3 03680

말라리 역 윤정로

전수진

1980년 5월 기억하겠습니다.

배우 정인기대

경희 아빠. 박흔혁.